# „Wege zum Kunden"

## Band 2 aus der Reihe

## „Das Akquisitionshandbuch"

## von Dirk Meybohm

# Impressum

Der Inhalt dieses Buches wurde mit größter Sorgfalt erarbeitet. Dennoch können Fehler nicht vollständig ausgeschlossen werden. Verlag und Autor übernehmen keine juristische Verantwortung oder irgendeine Haftung für eventuell verbliebene Fehler und deren Folgen.

Alle Warennamen werden ohne Gewährleistung der freien Verwendbarkeit benutzt und sind möglicherweise eingetragene Warenzeichen. Der Verlag richtet sich im Wesentlichen nach den Schreibweisen der Hersteller. Das Werk einschließlich aller seiner Teile ist urheberrechtlich geschützt.

Jede Verwertung - auch auszugsweise - bedarf der Zustimmung des Autors und darf nicht vervielfältigt werden. Alle Rechte bleiben vorbehalten.

Diese Ausgabe ist auch als E-Book erhältlich. Haben Sie diese elektronische Ausgabe erworben, so empfehlen Sie Ihren Freunden den Download eines persönlichen Exemplars. Ein großes Dankeschön, dass Sie die Arbeit des Autors respektieren!

Kommentare und Fragen sind herzlich willkommen:

www.meybohm.eu

dirk@meybohm.eu

Copyright © 2014 by Dirk Meybohm

Coverdesign: © Anett Klose www.klosedesign.de

Titelfoto: © Yuri Arcurs – www.fotolia.com

Herstellung und Verlag:
BoD - Books on Demand, Norderstedt
ISBN 978-3-7357-9284-6

# Inhaltsangaben

| | | | |
|---|---|---|---|
| 1. | Einleitende Worte | Seite | 4 |
| 2. | Die Akquisition | Seite | 6 |
| 3. | So akquirieren Sie richtig | Seite | 19 |
| 4. | Lassen Sie sich akquirieren! | Seite | 30 |
| 6. | Gesetz der Kundenantworten | Seite | 35 |
| 7. | Das Ping | Seite | 43 |
| 8. | Die Anwendung des Ping | Seite | 47 |
| 9. | Die richtige Kundenansprache | Seite | 50 |
| 10. | Auf den ersten Blick | Seite | 58 |
| 11. | Die Telefonakquise | Seite | 61 |
| 12. | Gehen Sie klingeln | Seite | 68 |
| 13. | Marktschreien | Seite | 73 |
| 14. | Webpräsentation | Seite | 78 |
| 15. | Socialen Sie schon | Seite | 81 |
| 16. | Die Servicekundenakquise | Seite | 86 |
| 17. | Die Archivkundenakquise | Seite | 88 |
| 18. | Adressenkauf | Seite | 91 |
| 19. | Ausschreibungen | Seite | 95 |
| 20. | Innovationen | Seite | 98 |
| 21. | Epilog | Seite | 99 |
| 22. | Der Autor | Seite | 102 |

# **Einleitende Worte**

Liebe Leserschaft, im Jahr 2009 veröffentlichte ich „Das Akquisitionshandbuches". Es trug den Untertitel „7 Wege zur Geschäftskontaktanbahnung". In diesem Band schrieb ich meine Gedanken rund um das Akquirieren nieder.

Nach dem Erscheinen dieses Buches im Handel, erhielt ich sehr viel Nachricht darüber, welchen Nutzen die Leserschaft aus der Lektüre ziehen konnte. Ich stellte das Buch bei verschiedenen Veranstaltungen vor. Aus den Gesprächen und Korrespondenzen mit meinen Lesern, schöpfte ich neue Ideen und fand Anregungen zu weiteren Artikeln.

Daraufhin überarbeitete ich 2011 „Das Akquisitionshandbuch" diese Ausgabe erhielt den Untertitel „Das Verkaufskontinuum". Hierin befasste ich mich damit der Leserschaft grundlegendes Basiswissen zum Verkaufskontinuum zu vermitteln.

Auch auf dieses Buch hin erhielt ich viel Resonanz. Diese gaben mir den gedanklichen Anstoß weitere Artikel zu erstellen. Der Umfang all dessen ist inzwischen ausreichend um 3 Bände zu füllen. Die Überarbeitung erfolgte auch in Hinsicht auf die Vermeidung von rein maskuliner Ansprache. Sollten diesbezügliche Termini auftreten, bitte ich Sie diese nicht diskriminierend aufzufassen.

Schöpfen Sie für sich selbst einen Mehrwert. Denken Sie daran, jede Kundschaft der Sie begegnen ist ein einzigartiges Individuum und deshalb ist auch jedes Verkaufskontinuum anders gestaltet. Bei der Lektüre werden Sie feststellen alle diese Prozesse unterliegen immer den wissenschaftlichen Gesetzmäßigkeiten.

Lassen Sie sich mitreißen von den Worten welche ich Ihnen hier in schriftlicher Form darbringe. Nehmen Sie diese Ideen einfach mit in die tägliche Begegnung mit Ihrer Kundschaft.

Interessanter Weise, habe ich auf verschiedenen Veranstaltungen, an denen ich teilnahm festgestellt, diese Gedanken stecken nicht nur in meinem Kopf sondern auch in dem, des Einen oder Anderen, aber natürlich auch in vielen meiner Leserschaft.

Aus diesem Grunde nehme ich mir im Folgenden auch nicht das Recht heraus, als Einziger oder gar als Erster all diese hier nieder geschriebenen Ideen alleine festgestellt, oder wissenschaftlich ergründet zu haben. Die hier, von mir vorgestellten Thesen, sind abgeleitet aus meinen Erfahrungen, und es bleibt außer Frage, jeder von Ihnen mag seine eigenen persönlichen Schlüsse daraus ziehen. Sie können möglicherweise diese Ideen auch schon einmal an anderer Stelle gelesen oder persönlich erlebt haben. So bestätigt es meine Feststellungen. Ich möchte auf den folgenden Seiten, Ihnen diese Ideen mit auf den Weg geben, damit Sie noch besser den Erstkontakt zur Kundschaft finden können. Ihnen liegt nun das Buch „Wege zum Kunden" der 2. Band aus der Reihe „Das Akquisitionshandbuch" vor. Hierin zeige ich Ihnen auf welchen Wegen Sie zur Kundschaft finden. Sie werden zukünftig die Prozesse der Kundengewinnung gezielter steuern und damit mehr Kontakte gewinnen. Erlernen Sie diese Kontakte, genau zum richtigen Zeitpunkt, als Kundschaft zu generieren!

# Die Akquisition

Liebe Leserschaft, Ihnen liegt hier der 2. Band aus der Reihe „Das Akquisitionshandbuch" vor.

Im 1. Band „Das Verkaufskontinuum" erläuterte ich, wie Sie moderne Werkzeuge zur Kundenbetreuung nutzen können. Dabei beschreibe ich, wie Sie die Kundschaft im Verkaufskontinuum finden und diese zum Kauf und danach zum Wiederkauf begleiten werden. Weiterhin erläutere ich detailliert die Phasen und Strukturen, sowie Abläufe im Kontinuum. Grundsätzlich ist der Ablauf eines Verkaufskontinuums geprägt von gesetzmäßigen Phasen.

Was ist nun darunter zu verstehen? Auf den Punkt gebracht kann man sagen, das Kontinuum umfasst die Gesamtheit aller zum Verkauf gehörender Prozesse. Das Kontinuum unterliegt verschiedenen inneren und äußeren Einflüssen. Für Sie als Akquisiteurschaft ist es außerordentlich wichtig zu wissen an welcher Stelle des Kontinuums befindet sich der Kontakt, dem Sie gerade begegnen. Nur dann werden Sie erfolgreich sein. Wenn Sie z.B. Ihre Kundschaft, welche sich noch in der Produktnutzungsphase befindet und nur erste Informationen sammelt, schon zum Vertragsabschluss bewegen wollen, werden Sie nicht zum Erfolg kommen. Oder, was noch schlimmer wäre, Sie haben eine erhöhte Stornoquote, welche fast immer mit Kosten und Imageverlust verbunden ist. Vergessen Sie nicht: Die Kundschaft bewegt sich im Kontinuum, ihre Position ist veränderlich!

Die Positionsänderung kennt nicht nur eine Richtung. Die der Positionsänderung zugrunde liegende Bewegungsrichtung, lässt sich mit einer Antriebsenergie in Verbindung bringen. Diese beruht auf entscheidende Impulse die von inneren oder äußeren Einflüssen stammen.

Die Kundschaft kann sich deshalb im Kontinuum sowohl vor-, rück- als auch seitwärts bewegen. Genau darum sollten Sie immer bei der Kundschaft sein und sie begleiten. Ermitteln Sie, wo sich die Kundschaft im Kontinuum befindet! Vervollständigen sie das Kundendatenwarenhaus. Stellen sie dabei fest, die Kundschaft bewegt sich auf ein neues Kontinuum zu, dann ist Ihre Arbeit als Akquisiteurschaft getan. Führen sie den Kunden der Verkaufsabteilung zu!

In diesem, Ihnen hier vorliegenden 2.Band „Wege zum Kunden" beschäftigen wir uns, auf den 1. Band aufbauend mit der Akquise der Kundschaft. Sie erlernen, Ihre Kontakte in deren derzeitigen Verkaufskontinuum zu finden!

Im Band 3 betrachten wir, wie Sie diese Kontakte weiter betreuen, bis zum Ende des derzeitigen Verkaufskontinuums. Dann ist es an der Zeit die Akquisition für ein nachfolgendes Verkaufskontinuum durchzuführen. Womit wir wieder bei der Thematik dieses Bandes angekommen wären. Dabei ist es unerheblich ob die Aufgabe der Kundenakquise Ihre alleinige Tätigkeit im Unternehmen ist. Sie können auch der Allrounder sein und alle Phase der Kundenbetreuung alleine übernehmen.

Ich möchte auf den folgenden Seiten jedoch vorrangig die Akquisitionsphase im Verkaufskontinuum erläutern. In dieser akquirieren Sie einen Kontakt. Sie stellen deren Standort im Kontinuum fest. Dann leiten Sie diese Kundschaft dem Team der Kundenbetreuung oder des Verkaufes zu. Damit bereiten Sie gemeinsam mit Ihrem Unternehmen, den weiteren Weg der Kundschaft durch das Kontinuum vor.

Im Band 1 „Das Verkaufskontinuum" sprach ich im Abschnitt „Die Akquisitionsphase" das Akquirieren an. An dieser Stelle möchte ich noch etwas ausführlicher darauf mit folgender Frage eingehen. „Was ist die Akquise und welche Bedeutung hat die Akquisitionsphase?"

Also, zuerst, wie lässt sich das Wort „Akquirieren" genau definieren? Das Wort Akquise bzw. Akquisition stammt vom Lateinischen „ad quaerere" = (erwerben) ab. Es werden alle Maßnahmen der Kundengewinnung durch persönliche Gespräche im Rahmen der Kontaktaufnahme bezeichnet, unter Einbindung der Gewissheit, die Akquirierten wissen sie wurden akquiriert und warten darauf im Verkaufsprozess weiterbegleitet zu werden. Dieses bedeutet genauer, die Kundschaft wird angesprochen, diese ist bereit sich zu öffnen und sich von Ihnen und Ihre Aktivität begeistert! Dabei erfährt sie, für wen Sie diese Aktivitäten betreiben. Darauf aufbauend ist die Kundschaft bereit Ihnen Informationen zu geben um weiteren Kontakt von Ihnen zu erhalten. Genau dann haben Sie eine Kundschaft erfolgreich akquiriert!

Ja, selbstverständlich ist die Akquise die Grundsteinlegung des Datenwarenhauses!

Nähere Informationen wie Sie das Datenwarenhaus erstellen und damit umgehen finden Sie im Band 1 „Das Verkaufskontinuum". Lassen Sie sich die Datenerfassung durch geeignete Formulare legitimieren. Die fundamentalen Kundeninformationen des Datenwarenhauses sind nur das Resultat einer sauberen Akquise. Eine Akquisition setzt Aktivität voraus. Die Akquisiteurschaft geht aktiv auf die Kundschaft zu oder erlangt aktiv die Kundeninformationen. Sie erlangt mittels geeigneter Wege diese Daten mit Kundeneinverständnis. Diese sind dann für den weiteren Verlauf der Kundenbetreuung während des Verkaufskontinuums verwertbar. Beherzigen Sie folgende Definition der Akquise!

**Eine erfolgreiche Akquise ist dann zu registriert, wenn durch eine Aktivität ein Kundenkontakt generiert wurde, unter der Voraussetzung der Akquirierte weiß, er wurde akquiriert um im Verkaufskontinuum weiterbegleitet zu werden.**

Prägen Sie sich diese Definition ein!

Bei der Akquise wird ein Kontakt erzeugt, von dem die Akquirierten (die zukünftige Kundschaft) wissen, die Akquisiteurschaft bekommt Namen und Adresse oder Telefonnummer nur darum in Besitz, um ihr (den Akquirierten) später mit Informationen zu Ihrem (des Auftraggeber der Akquisiteurschaft) Produkt zu beliefern. Die Kundschaft gibt Ihnen die Adresse, Namen, Telefonnummer also die fundamentalen Grundsteine des Datenwarenhauses freiwillig! Sie verlässt sich darauf, Sie betreuen diese! Sie bieten dieses oder jenes Produkt oder diese oder jene Dienstleistung an.

Die Kundschaft weiß, Sie oder ein jemand aus dem Team Ihres Unternehmens nutzt diese Information ausschließlich, um mit ihr (der Kundschaft) in Kontakt zu bleiben. Mit diesem Wissen des Kunden, können Sie oder ein anderes Mitglied ihres Teams später auf diesen Kunden zu kommen, ohne negativ aufzufallen. Der Kunde erwartet ja genau diese Betreuung. Genau dieser Status zeichnet eine gute Akquise aus. Ganz genau nur dann ist eine Akquise auch erfolgreich. Nur dann können die Akquirierten auch etwas damit anfangen, sollte der Kontakt irgendwann einen Anruf erhalten.

Die Akquirierten werden umgekehrt auch fest damit rechnen, Informationen zu erhalten. Wird sie diese nicht bekommen, dann war die Arbeit der Akquisiteurschaft umsonst.

Die Akquirierten werden, wenn sie an einer Veränderung ihres derzeitigen Produktes oder Dienstleistung interessiert sind, diese Veränderung auch vornehmen, mit oder ohne Sie. Sollte Sie aber die Weiterverfolgung der Akquise nicht durchführen, dann werden sich die Akquirierten einem anderen Anbieter zu wenden. Sie sollten darum unbedingt dafür sorgen, damit eine schnelle Kommunikation stattfindet. Eine Zusammenführung von bestehenden und nun erhaltenen Informationen sollte dabei ihre nächste Zielsetzung sein. Genau wie im Band 1 „Das Verkaufskontinuum" beschrieben. Nach jedem Kontakt, füllen Sie ihr Datenwarenhaus!

Immer dann, wenn die Kundschaft nicht weiß, sie wurde akquiriert gibt es beim späteren Kontakt durch das Verkaufsteam mit der Kundschaft mit hoher Wahrscheinlichkeit, negative Erfahrung.

Nichts ist schlimmer als folgende Situation. Die Verkäuferschaft kontaktieren jemanden von dem Sie nur glauben, diese benötigen Ihr Produkt. Sie jedoch schätzen diese Kundschaft als Akquisitionserfolg ein. Nun besucht die Verkäuferschaft diesen Kunden und diese sagt dann, sie kenne Ihr Unternehmen nicht und wird darum eine negative Information geben. Deshalb sollten Sie gewissenhaft akquirieren!

Mit dieser Anbahnung von Geschäften bestreiten Sie den finanziellen Teil Ihres Lebensunterhaltes? Sie alleine akquirieren die Kundenkontakte? Die dadurch ermittelten grundlegenden Informationen kommen einem Team zugute, in welchem Sie eingebunden sind? Oder aber Sie sind dieses Team vereinigt allesamt in Ihrer Person?

Auch möglich, Sie verkaufen die erworbenen Kundenkontakte und bestreiten damit Ihren Lebensunterhalt. Es ist egal! Immer sollten Sie gewissenhaft und seriös mit den erworbenen Informationen umgehen.

Ich möchte im Einzelnen betrachten, warum Sie akquirieren und welche Handlungen Sie in der Akquisitionsphase durchführen sollten, damit Sie den Einstieg in das Kontinuum der Kundschaft erlangen. Im Band 1 „Das Verkaufskontinuum" erklärte ich mit welchem Werkzeug Sie ermitteln, an welcher Stelle des Kontinuums sich die Kontakte befinden.

Ich möchte nochmals darauf hinweisen, trennen Sie sich von der Märchengeschichte, eine akquirierte Kundschaft befindet sich sodann automatisch in der Akquisitionsphase weil Sie gerade bei der Kundschaft auftauchen.

Die Kundschaft die da draußen, vor Ihrem Büro, gerade versucht an Ihnen vorbeizugehen und daraufhin von Ihnen angesprochen wird und mit der Sie in ein Gespräch kommen, in dessen Folge Sie die Kundendaten erfassen können, weil die Kundschaft sich tatsächlich für Ihr Produkt interessiert, ist deshalb noch lange nicht selber in der Akquisitionsphase. Sie befindet sich irgendwo in ihrem derzeitigen Kontinuum. Sie wird mit hoher Wahrscheinlichkeit in der Produktnutzenphase ihres „Derzeitigen" sein. In diesem Moment war sie nur so freundlich Ihnen zu zuhören. Wie lange die Kundschaft noch im Kontinuum des „Derzeitigen" bleiben möchte kann nur sie selber wissen. Aber Sie sollten es von ihr erfahren. Sie werden dann erfolgreich als Akquisiteurschaft sein, wenn Sie wissen an welcher Stelle die Kontakte in ihrem persönlichen Kontinuum sind. Ihre Akquisition stellt den Standort fest an dem sich die Kundschaft derzeitig befindet.

Mittels des Datenwarenhauses werden Sie diese Informationen speichern und sich einen Termin vorlegen um die Kundschaft wieder zu kontaktieren. Ihr Vorlagewerkzeug wird Sie auf diesen Termin hinweisen. Dann werden Sie feststellen, es ist umso leichter die Kundschaft zu kontaktieren, weil sie jetzt „angewärmt" ist. Sie können nun leicht über das Plaudern in ein Gespräch kommen um zu erfragen, wo sich die Kundschaft nun befindet. Sie erfahren es dadurch, weil die Kundschaft ihr Signal gibt, wann sie sich um die Erneuerung ihres derzeitigen Produktes kümmert. Dann ist der geeignete Moment gekommen um den richtigen Impuls geben. Im Band 1 „Das Verkaufskontinuum" erläuterte ich, die Kundschaft wird in ihrem Verkaufskontinuum durch Impulse bewegt.

Die Impulse stammen von inneren und äußeren Einflüssen. Sie müssen nun als äußerer Einfluss genau dann jenen Impuls geben, wenn der Tag gekommen ist, an dem die Kundschaft sich nahe dem Ende des momentanen Verkaufskontinuums befindet. Dann werden sie mit geringen Impulsen die Kundschaft gezielt in Bewegung setzen. Erst dann setzen Sie die Kundschaft in Bewegung! Erst zu genau diesem Zeitpunkt, wird sie sich zu ihrer Akquisitionsphase bewegen. Geben Sie einer Kundschaft nie zu früh einen Impuls.

Bedenken Sie keine Kundschaft kauft, wenn sie nicht daran glaubt, ein Produkt oder eine Dienstleistung zu benötigen. Erst mit Erreichen der Kaufgründe Wunsch, Bedarf oder Zwang, wird die Kundschaft bereit sein, Impulse aufzunehmen, die sie zu einer Anschaffung eines „Neuen" bewegen. Ich weiß, es wird von vielen Vertriebssystemen propagiert, nur der richtige Energieimpuls sei notwendig, um den Kunden zu bewegen. Das stimmt im Prinzip ja auch. Der Nachteil im Falle, die Interessentschaft sei noch nicht in der Verkaufsphase angekommen ist jedoch, sie (noch nicht) wird nach dem Kauf viel schneller in Reue verfallen. Weil der Antriebsimpuls nicht aus ihrer direkten Nähe kam, sondern ihr von außen aufgedrängt wurde.

Die Kundschaft hat nur einen schwachen Kaufwunsch besessen. Einen Bedarf zum Kauf oder gar den Zwang Ihr Produkt besitzen zu müssen, fehlte. Sie wissen, genauso schnell wie der Impuls seine Wirkung auf die Beschleunigung der Bewegung bewirkte, wird er auch wieder seine Wirkung verlieren. Möglicherweise reicht nur ein kleiner innerer oder äußerer Einfluss aus, um sogar einen Umkehrimpuls auftreten zu lassen.

Wir sind hier in Europa und haben europäische Verbraucher-Rechte. Gesetzmäßigkeiten aus Übersee treffen darum hier nicht zu. Ich gebe Ihnen darum den Rat, wenden Sie nie Gewalt im Verkauf an. Verständlich ist, sie werden schon gar nicht körperliche Gewalt anwenden. Aber ich meine vor allem die Gewalt welche sie ausführen um die Kundschaft zu überrumpeln. Das ist schon der Fall wenn sie sich einen Termin erschleichen und glauben, Sie haben damit die Kundschaft akquiriert. Aber diese ist auch dann schon der Fall, wenn Sie mittels starker äußerer Einflüsse, Impulse auf die Kundschaft ausüben um sie in Bewegung zu versetzen.

Erinnern sie sich an meine Definition der Akquise? Gerne wiederhole ich diese hier noch einmal.

**Eine erfolgreiche Akquise ist dann zu registriert, wenn durch eine Aktivität ein Kundenkontakt generiert wurde unter Voraussetzung, dass die Akquirierten wissen, sie wurden akquiriert und warten darauf im Verkaufskontinuum weiterbegleitet werden.**

Gerade, wenn Sie bei der Akquise nicht ordentlich arbeiten, werden Sie später keinen Erfolg haben. Ihr Team wird diese Kundschaft nicht zum Verkauf führen. Sie werden die Kundschaft verlieren. Sie nimmt an, Sie haben nicht wirkliches Interesse an ihrem tatsächlichen Bedarf.

Diese Kundschaft möchte in ihrer derzeitigen Produktnutzenphase betreut werden. Dieses ist der momentane Bedarf der Kundschaft. Betrachten Sie diese Information als Basis für die Akquise.

Liebe Akquisiteurschaft, wie sie eben gelesen haben, wird es auch einmal den Tag geben an dem kein Ergebnis mit sofortigem Erfolg eintritt. Sie brauchen da überhaupt nicht verzweifelt sein. Nein es ist eine Gesetzmäßigkeit, alle Arbeit ist nur zu einem bestimmten Teil von Erfolg gekrönt. In einem solchen Fall erzähle ich gerne zur Aufmunterung folgende Geschichte:

*Stellen Sie sich vor, Sie würden jeden Abend eine Tasse Tee trinken. An irgendeinem Abend wird es geschehen, Sie entnehmen das letzte Gramm Tee aus der Packung! Sie müssen morgen im Laufe des Tages eine neue Packung kaufen, wenn Sie abends wieder Ihre Tasse Tee trinken wollen.*

*Am nächsten Tag, es ist so weit, wenn Sie in die Stadt fahren, werden sie noch Tee kaufen müssen. Spätestens dann, beginnen Sie zu überlegen. Wo bekommen Sie Tee her? Da gab es das Tee – Spezialitäten – Geschäft. Dann noch einen Laden von einem Chinesen, außerdem noch diverse Supermärkte.*

*Ihr Handy klingelt und Sie erhalten eine Terminabstimmung, die wenig Zeitraum für langes Suchen zulässt. Also, dann ist es, nehmen wir es für diesen Fall an, der Supermarkt. Jener mit dem großen Teesortiment, der direkt auf dem Weg zum eben erhaltenen Termin liegt, Ihre erste beste Wahl. Im Supermarkt angekommen, und hinein gegangen. Sie stehen schnell vor dem Regal mit dem Teesortiment.*

*Welche Qual, bestimmt 20 verschiedene Sorten und Arten. Kräutertee, Früchtetee, schwarzer Tee und Rotbuschtee und vielleicht noch mehr. Ich kann hier gar nicht alle auf führen. Sie stehen nun vor der Wahl.*

*Egal nach welchem Kriterium Sie werden nur eine Sorte wählen. Sie haben sich irgendwie und irgendwann für eine Packung entschieden. Jetzt aber los und nach dem Bezahlen schnell zum verabredeten Termin.*

*Am Abend! Endlich wieder zu Hause, nehmen sie aus der neuen Packung einige Gramm Tee und brühen diesen auf. Nun kommen Sie zu der Schlussfolgerung, es gab eigentlich gar keinen einzelnen Grund warum sie genau diese eine Packung nahmen!*

*Vielmehr schließen Sie auch daraus, die 19 anderen Packungen wären nicht im Geringsten, schlechter gewesen. Nein sie waren ganz gewiss durchaus gleichwertig und vielleicht war da auch eine Sorte die sogar noch besser  wäre, als die welche Sie auswählten. Egal, Sie haben nach dem Verbrauchen dieser Packung wieder die Chance eine andere Sorte zu nehmen oder auch nicht. Aber auch dann werden Sie wieder überlegen, warum haben Sie diese Packung gewählte und nicht eine andere?*

Warum ich diese Geschichte gerne erzähle. Es ist eben eine Gesetzmäßigkeit, wenn jemand der nur genau 1 Stück aus 20 auswählen muss, kann 19 nicht wählten. Genauso ist das auch bei ihrer Arbeit. Verzweifeln Sie nie, nur weil sie einmal wenig oder keinen Erfolg hatten. Oder der Erfolg sich noch nicht in dem Rahmen eingestellt hat, damit dieser ihren Vorstellungen entspricht. Sie brauchen die Ausdauer und das Verständnis des Verkaufskontinuums. Sie müssen folgendes Verständnis aufbringen, nicht Sie als Akquiseurschaft sind jenes bestimmende Element im Verkaufskontinuum, sondern es ist die Kundschaft.

Ihnen obliegt es heraus zu finden, an welcher Stelle befindet sich die Kundschaft im Kontinuum. Erst wenn Sie ermitteln, die Interessentschaft befindet sich am Übergang zwischen bisherigem und zukünftigem Kontinuum, können Sie die akquirierte Kundschaft in die Informationsphase überleiten.

Sie sollten sich immer wieder verinnerlichen, einer Kundschaft der Sie begegnen befindet sich immer irgendwo im Verkaufskontinuum. In dem Verkaufskontinuum ihres „Bisherigen". Mit hoher Wahrscheinlichkeit ist dieser Ort irgendwo in der Produktnutzungsphase zu finden.

Ihre Aufgabe ist es, ihre Kundschaft mit ihren fundamentalen Daten zu erfassen. Diese Datenerfassung ist die eigentliche Akquisition! Schön wenn es Ihnen gelingt dabei Kundschaft anzutreffen die sich in ihrem derzeitigen Kontinuum nahe dem Ende der Produktnutzenphase befindet. Jetzt ist die Kundschaft gerne bereit Ihnen die fundamentalen Informationen zu geben. Diese bewahren Sie im Datenwarenhaus auf! Leider wird das Thema Akquisition allzu häufig nur als Kaltakquise mit Zielsetzung sofortiger Verkaufstermin abgetan. Hierbei wird aus Vertriebszentren mit Druck auf Kundschaft und Akquisiteurschaft propagiert. Jeder Kontakt muss sofort auch kaufen. Wenn nicht wäre es Schuld des Vertriebsteams. Mit dieser Einstellung im Kopf werden Sie beim ersten Nein nicht verstehen, warum die Kontakte nun gerade, da wo Sie diese ansprachen, verneinen. Sie bestärken sich dadurch noch in ihrem schlechten Gefühl. Darum werden Sie auch noch wenig Erfolg haben und festigen sich in der Meinung „Hab ich es mir doch gedacht".

Wenn sie dann noch mit solch einem Ergebnis, vor ihren Chef oder Auftragsgeber treten und befragt werden, müssen Sie sich meistens auch dann noch rechtfertigen.

Dann bauen Sie dieses missliche Gefühl noch stärker auf. Somit errichten Sie einen Widerwillen gegen jede Art von aktiver Marktbearbeitung und entwickeln eine undurchdringliche Abscheu. Diese zu überwinden fällt immer schwerer und sie werden aufhören zu akquirieren.

Damit genau diese Situation nicht eintritt habe ich dieses Buch geschrieben, um Ihnen und auch Ihren Vorgesetzten deutlich zu erklären, Akquise ist eine ausdauernde und langwierige Angelegenheit. Sie bedarf eine gezielte Vorbereitung und Planung ist der richtige Weg zum Erfolg.

# <u>So akquirieren Sie richtig</u>

Die Frage nach dem besten Weg zum Kunden wird immer wieder gestellt. Aber es ist hier zuerst zu fragen, für welches Produkt möchten Sie Kunden akquirieren? Denn nicht für jedes Produkt eignet sich jede Methode. Eine Methode, welche ich selber sehr gerne praktiziere, wird als „Marktschreien" bezeichnet. Wie soll dieses von statten gehen? Jeder von uns kennt einen Einkaufstempel der von vielen Kunden besucht wird. Errichten Sie dort einen Stand. An diesem kann sich die Kundschaft über Ihre Produkte erkundigen. Die Kundschaft welche stehen bleibt die wird auch angesprochen! Wie??? Mit welchen Worten sprechen Sie die Kundschaft an? Dazu mehr im Abschnitt „Die richtige Kundenansprache".

Natürlich können Sie bei bestimmten Produkten auch an der Haustür klingeln, um dann erste Informationen über diesen Kontakt zu erhalten. Schnell erfahren Sie ob und wann Bedarf für weitere Kontaktierung besteht. Eine weitere Möglichkeit ist die Telefonakquise oder Sie sprechen einfach Menschen an. Weiterreichende Ausführungen folgen in den nächsten Abschnitten. Sie sehen, bereits die hier aufgeführten Wege zeigen, es gibt nicht nur diesen <u>einen Weg</u>. Andererseits ist zu sagen, nicht alle Methoden eignen sich auch für alle Produkte. Wenn Sie eine oder zwei Methoden anwenden können um zusätzliche Kontakte zu knüpfen, ist schon ein großer Schritt getan. Bedenken Sie bitte unbedingt noch einmal. Sie begegnen einem Menschen der von Ihnen vorher noch nichts wusste und der sich mitten in der Nutzungsphase seines „Derzeitigen" befindet.

Wann die Zeit für ein „Neues" reif ist steht für die Mehrzahl der Kontaktierten noch nicht fest. Sie müssen in dieser ersten Situation des Kontaktaufbaues Vertrauen schaffen. Der Kontakt wird sein „Derzeitiges" weiternutzen und weiter abnutzen. Glauben Sie mir, es kommt der Tag an dem sein „Derzeitiges" durch ein „Neues" ersetzt wird. Ob Sie dann mit dabei sind, wenn die Kundschaft ihr „Neues" erwirbt, hängt von Ihrer Betreuung ab. Bedenken Sie weiterhin. Nicht jeder Mensch der sich irgendwo befindet ist auch wirklich potentielle Kundschaft. Charakterisieren Sie Ihr Angebot! Schließen Sie nur aus wer tatsächlich Ihr Angebot nicht braucht. Darum besprechen wir in folgenden die Zielgruppenanalyse!

## Zielgruppenanalyse

Eines steht unbestritten fest, es wird immer einen Teil von Personen geben, die Ihr Angebot aus verschiedenen Gründen nicht benötigen. Darum ist es wichtig genau diesen Teil genau zu definieren. Es ist nutzlos diesen Teil des Marktes ansprechen zu wollen. Aber missachten Sie nicht prinzipiell diesen Marktanteil. Ihr Portfolio könnte sich erweitern, dann haben Sie schon ein Potential an Kontakten für dieses Angebot. Stellen Sie fest, in Ihrem Markt gibt es eine überwiegende Mehrheit an Angebotsbedarf außerhalb Ihres Portfolios, dann erweitern Sie dieses um genau den festgestellten Bedarf! Passen Sie Ihre Angebote den Zielgruppen an!

Stellen Sie fest, die Marktteilnehmer welche Ihr Angebot nicht benötigen, sind nur eine Randerscheinung, konzentrieren Sie sich auf spezielle Zielgruppen.

Halten Sie den Kontakt zu dieser Kundschaft. Finden Sie heraus an welcher Stelle der Kunde sich im Verkaufskontinuum befindet. Alle jene Marktteilnehmer welche sich am Ende der Nutzungsphase Ihres „Derzeitigen" befinden, sind jetzt nach der Akquise an die Verkaufsabteilung weiter zu leiten!

## Die Einstellung zur Außendarstellung!

Wir Sie noch lesen werden, Auch Sie müssen von einem Kontakt zu akquirieren sein. Der Kunde muss etwas über Sie finden. Natürlich in der heutigen Zeit vor allem im Internet. Aber auch in Printmedien müssen Sie zu finden Sein. Hierbei vor allem im Telefonbuch.

Sie begegnen Ihren Kunden persönlich? Schön und auch da muss der Kunde Sie wieder erkennen. Hierbei sollte das Erscheinen an und für sich eine wichtige Rolle spielen. Sie sollten ordentlich gekleidet sein, eine ansprechende Frisur tragen, und angenehm riechen. Ebenso ist korrektes Deutsch sprechen. Dieses ist eine Form von Höflichkeit dem Gesprächspartner gegenüber! Diese spielt eine wichtige Rolle beim empfangen und deuten des Pings. Dazu lesen Sie bitte die entsprechenden Abschnitte in diesem Band.

Treten Sie aus der vorverbalen Phase in ein Gespräch ein, ist die Sprache und Aussprache von entscheidender Bedeutung. Es ist hierbei ein vielschichtiger Einfluss auf die jeweiligen Gegenüber der Einfluss ausübt. Hierbei spielt neben, dem richtigen oder gar kein gesprochenem Dialekt, dem „Sie" oder „Du", auch die allgemeine Anwendung der Sprache eine wichtige Rolle. Bedenken Sie, viele Kunden finden den korrekten und respektvollen Gebrauch von Sprache äußerst sympathisch.

Ebenfalls sollten Sie sich deshalb beim Sprechen Mühe geben, weil dieses bedeutet, Sie respektieren Ihr Gegenüber. Je ausdrücklicher Sie darauf achten, findet Ihr Gesprächspartner Sie persönlich sympathisch. Dieses ist der Grundstein damit Sie die fundamentalen Informationen vom Kunden zur Errichtung des Datenwarenhauses erhalten. Ohne diese Sympathie wird es Ihnen nicht gelingen qualifiziert zu akquirieren. Vor allem beachten Sie immer, die innere Einstellung muss stimmen!

## Die innere Einstellung muss stimmen!

Das Ping löst im besten Fall Sympathie aus. Genau auf diesen Eindruck müssen Sie hinarbeiten! Aber was ist nun Sympathie? Es ist ganz hilfreich, den Begriffen ein wenig auf den Grund zu gehen.

Der Begriff der "Sympathie" hat seinen Ursprung im Griechischen und bedeutet so viel wie Mitgefühl. Werden Sie zu einem Sympathikus, einem Mitleidenden oder Mitempfindenden. Dieses Wissen um genau den Umstand und ein wirkliches Interesse an den tatsächlichen Wünschen, Bedürfnissen oder Zwängen des Kunden wäre hier genau das Entscheidende. Versetzen Sie sich in den Gesprächspartner! Geben Sie ihm genau jenes Gefühl, welches Sie auch gerne empfangen würden. So wie Ihr Empfinden an den Gesprächspartner weiter geleitet wird, empfängt die Partnerseite diese Gefühle. Senden Sie Sympathie aus, dann wird Sympathie empfangen.

Hören Sie sich an, welche Wünsche, Bedürfnisse oder Zwänge dem potentiellen Kunden obliegen. Seien Sie bemüht für diese eine Lösung offerieren zu können!

Geben Sie folgendes Gefühl weiter. Sie glauben auch selber fest daran, Sie können mit dieser Lösung dem Kunden helfen! Seien Sie auch wirklich fest davon überzeugt mit Ihrer Lösung helfen Sie. Zeigen Sie es auch! Gehen Sie aus sich heraus! Mit dieser Einstellung, Sie haben die Lösung. Sie sind der Sympathikus! Ihre Überzeugung von der Richtigkeit Ihres Handelns stahlen Sie die Energie aus, damit der Gesprächspartner genau diese Überzeugung empfängt und darum Sympathie für Sie empfindet. Wenn Sie so aktiv auf die Kundschaft zu gehen, kommt bei Ihren Gesprächspartnern gar nicht erst gegenteilige Stimmungen auf. Sollte doch einmal eine Gegenstimmung aus Vorsicht, Skepsis oder anderen Gründen erscheinen, bleiben Sie sympathisch! Ihre Sympathie die Sie ausstrahlen, wird auch andere anstecken! Seien Sie sich Ihrer eigenen Stärke bewusst, und verinnerlichen Sie sich dieser. Sie selbst oder Ihr Unternehmen sind stets einzigartig. Denken Sie in kritischen Situationen daran! Erinnern Sie sich in diesen Momenten an bereits erreichte Erfolge! Setzen Sie dieses Gefühl um und lassen Sie es nach außen abstrahlen. Ihre Kontakte erhalten diese Information über das Ping. Sie sind in der Kommunikation mit den Kontakten aus der vorverbalen Phase in ein intensives Gespräch übergegangen? Nun ist die Zeit reif, die fundamentalen Daten dieser Kontakte zu erfassen! Aus dem bisherigen Gespräch erfuhr Ihr Gegenüber erste ihn interessierende Dinge.

Stellen Sie nun in der weiteren Folge des Gespräches fest, an welcher Stelle der Kontakt sich in seinem „Derzeitigen" Verkaufskontinuum befindet. Wann möchte er einen Kaufvertrag unterschreiben?

Er wird Ihnen dazu irgendetwas sagen, weil Sie eine „W-Frage" gestellt haben. Sie stellten eine Frage mit einem W-Fragewort (Wann). Dann haben Sie immer einen Grund, egal welcher Zeitraum vom Kontakt genannt wurde, ihm anzubieten Informationen zukommen zu lassen. Fragen Sie nach dem „Wohin" diese Informationen zu senden sind! So produzieren Sie die ersten fundamentalen Daten. Diese sind der Grundbaustein des Warenhauses! Damit bauen Sie dieses Kundendatenwarenhaus stabil auf. Wie Sie eben lesen konnten, ist es wichtig aktiv zuhören und sich selber zu öffnen. Dieses sind elementare Eigenschaften dem Gesprächspartner gegenüber sympathisch zu sein. Auch Sie selber möchten doch auch von Ihrem Gesprächspartner beachtet werden. Es begeistert Sie wenn Ihr Gesprächspartner eine Konversation über Ihr Produkt mit Ihnen gemeinsam führt. Wie schrecklich ist es, Ihr Kunde erzählt Ihnen etwas über Ihr Produkt, ohne Sie auch nur einen Moment am „Gespräch" zu teilnehmen zu lassen.

## Haben Sie Zeit für Ihren Kontakt, wenn der Kontakt Zeit hat

Haben Sie Zeit für einen neuen Kontakt? Diese Frage stellt sich so einfach, aber haben Sie denn wirklich dann Arbeitszeit, wenn Ihr zukünftiger Kontakt freie Zeit hat. Ihre Kundschaft geht einer beruflichen Beschäftigung nach. Mit dem Lohn aus dieser Beschäftigung bezahlt die Kundschaft zukünftig Ihr Produkt oder Ihre Dienstleistung. Darum wird sie sich zu dieser Arbeitszeit nicht in irgendein Verkaufsbüro begeben können. Wenn Sie diesen Kontakt wollen, müssen Sie sich Ihre Arbeitszeit so aufteilen, damit Sie erreichbar sind wenn der Kontakt seine arbeitsfreie Zeit hat.

Glauben Sie mir, die Kontakte wissen von Ihnen nichts, sie werden Sie nicht finden, denn sie sucht nicht gezielt nach Ihnen. Bedenken Sie, Sie sind der Suchende und Sie werden gefunden wenn Sie präsent sind.

In meinem persönlichen Umfeld erlebe ich es immer wieder, wenn ich etwas benötige und einem Termin erfrage wird mir ein Termin vorgegeben. Es wird nicht nach meiner (in diesem Fall bin ich ja der Kunde) verfügbaren Zeit gefragt! Ich wähle die Partner die in ihrer Zeit flexibel sind. Die Unflexiblen haben ihre Chance verpasst. Genauso geht es Ihrem potentiellen Kontakt. Wenn Sie nur dann bereit sind, solange er nicht erreichbar ist, haben Sie eben auch keine Chance. Ihr Kontakt schließt mit anderen seinen Kontrakt. Wie oft haben Sie es schon erlebt, Sie haben begrenzt Zeit und stehen vor einem Geschäft um dort einen Artikel zu erwerben. Dieses Geschäft ist geschlossen, Sie sehen in das Schaufenster und bemerken drin die Verkäufer/innen. Sie klopfen vorsichtig an die Scheibe und werden bemerkt. Was geschieht? Die netten Menschen darin kommen und öffnen und lassen Sie herein und bedienen Sie zuvorkommend! Aber auch nur die! Auch nur dieses verkaufen. Nur diese sind die Erfolgreichen.

Wie auch immer dieses Erlebnis tatsächlich endet. Sie sollten darum immer daran denken, für Ihre Kontakte ist die Zeit, in welche sie andersseitig beschäftigt sind, wichtiger als Ihr Auftreten!

Nur wenn die Kontakte ein freies Zeitfenster besitzen und sich in diesem befindet, haben Sie die Möglichkeit diese zu kontaktieren!

## Verkaufen Sie sich selbst!

Diesen Schritt sich selber zu verkaufen, weil Sie es ehrlich meinen, können Sie nur, wenn Sie mit sich im Reinen sind. Dann gelingt es Ihnen, nett und sicherlich auch leichter sympathisch auf Ihren Gesprächspartner zu wirken. Bedenken Sie, der Kontakt der Ihnen wichtige Informationen über sich selber Preis gibt, muss sich des Gefühls sicher sein, Sie nutzen diese Situation nicht aus. Sie müssen sich selber sicher sein, um dieses auch dem Kontakt vermitteln zu können, Sie sind vor allem im Interesse des Kontaktes hier. Es ist zu seinem Wohle wenn er den Weg vom Kontakt zum Kunden mit Ihnen geht!  Dieses wird er nur wenn Sie der Sympathikus sind. Sympathie verbreitet sich auch durch Gemeinsamkeit. Wenn der Kontakt zum Reden kommt, dann lassen Sie ihm doch die Zeit etwas über sich zu erzählen. Wenn es etwas Gemeinsames gibt, dann sprechen Sie den Kunden darauf an. Sprechen Sie mit ihm darüber selbst dann, wenn er auch noch so weit von einem neuen Kontinuum entfernt ist. Dieses „Gemeinsame" verbindet! Aber knüpfen Sie nur da an „Gemeinsamen" an, wenn es auch an dem ist. Sie werden noch lesen das Ping übermittelt dem Kontakt sehr wohl wie viel in dem „Gemeinsamen" steckt.

Sie stellten vorhin die Frage nach dem „Wann" es mit dem derzeitigen Kontinuum zu Ende gehen wird? Die Antwort darauf lautet in einem nahen Zeitraum! Dann steht der eigentlichen Akquisition nichts mehr im Wege. Aber zuvor ist natürlich immer wieder die Frage. Wie komme ich denn überhaupt dazu, ein Kunde sagt mir etwas von dem nahendem Ende seines derzeitigen Kontinuums.

## Bevor Sie mit dem Akquirieren beginnen

In diesem Abschnitt behandelten wir ja die Thematik, was Sie beachten sollten, bevor Sie auf die Kundschaft zugehen und wie Sie mit einigen wenigen Fragen zur richtigen Zeit, die fundamentalen Informationen des Kontaktes für das Datenwarenhaus erhalten können. Eigentlich akquirieren können Sie die Kundschaft aber erst, wenn diese der Meinung sind, ihr Kontinuum des „"Derzeitigen" neigt sich dem Ende zu.

Dann benötigen Sie alle Informationen um in der Informationsphase und später in der Verkaufsphase die richtigen Informationen zum Bedarf der Kundschaft zu besitzen. Welche Wege müssen Sie nun gehen, um an jene Gesprächspartner zu kommen, mit denen Sie in „Kontakt" treten, damit aus diesen dann ihre zukünftige Käuferschaft wird?

Alle diese Wege haben eines gemeinsam! Immer wird aus diesem Gesprächspartner ein Kontakt werden! Sie haben Ihre Arbeit richtig gemacht, wenn Sie die fundamentalen Informationen und den Standort des Kunden in seinem derzeitigen Verkaufskontinuum im Datenwarenhaus verankert haben.

Sie haben das Verkaufskontinuum kennen gelernt. Ich besprach die Definition des Begriffs „Akquisition". Weiterhin wissen Sie inzwischen wie das Datenwarenhaus aufgebaut wird. Genauso erlernten Sie die Verknüpfung von alle dem.

Nun möchte ich Ihnen aber noch ein weiteres Hilfsmittel an die Hand geben. Die Akquisitionsvorbereitung. Hierunter sind alle Marketingtätigkeiten gemeint bevor Sie akquirieren.

## Bereiten Sie die Akquisition gewissenhaft vor

Sie kennen Ihre Produkt Zielgruppe? Bereiten Sie dann Aktionen vor, entsprechend dem Weg wie Sie die Kontakte zum Kunden knüpfen wollen. Ihr Produktportfolio ist überschaubar? Dadurch ist Ihre Zielgruppe klar definiert? Dann loten Sie diese detailliert aus. Jedes Mitglied der in Betracht kommenden Zielgruppe wird mit einem Datenwarenhaus versehen. Wählen Sie einen ersten Weg aus, die in späteren Abschnitten noch konkret erklärt werden. Behalten Sie sich einen zweiten und dritten Weg in Reserve. Bedenken Sie, nicht alle dieser Kundschaft können Sie mit nur einem vorgegebenen Weg erreichen. Je mehr Wege Sie zur Auswahl haben, umso mehr Kontakte erreichen Sie.

Ihre Zielgruppe kann nicht klar definiert werden, weil Ihr Produkt eine vielfältige Anwendung findet! Schön, dann ist es sehr viel wichtiger, sich mit den verschiedenen Wegen zu den Kunden zu beschäftigen.

Bedenken Sie bitte, je vielfältiger die Wege sind umso mehr Spezialisten in der Akquise sind von Nöten. Aber umso mehr Kontakte wird Ihr Unternehmen dann auch bedienen. Aus meiner Erfahrung sollten dabei mehrere Akquisiteure in einem Team zusammenarbeiten.

Diese sind Jeweilige Spezialisten für die einzelnen Wege. Ein zentralisiertes Datenwarenhaus, wie ich es schon im Band 1 „Das Verkaufskontinuum" erklärte, ist hierfür von Vorteil.

Vergessen Sie beim Akquirieren niemals, Ihre Aufgabe ist es den Standort des Kontaktes in seinem derzeitigen Kontinuum zu ermitteln.

Wenn Sie einem Kontakt, egal auf welchem Wege begegnen, ist es Ihre Aufgabe nach dem Wo im Kontinuum zu fragen. Als Antwort auf diese Frage nach dem Wo, gibt es kein <u>NEIN!</u>

Sie haben als Akquisiteur den beneidensweiten Vorteil alles als Antwort zu erhalten, jedoch wird Ihnen kein Kunde ein Nein geben, solange Sie nach seinem derzeitigen Standort fragen.

# Lassen Sie sich akquirieren!

In unserer schnelllebigen Zeit ist auch die Information an den Kunden unheimlich schnell. Genau so schnell kann die Kundschaft sich über Sie informieren. Sie telefonieren mit einer Kundschaft? In der Zeit, in der Sie sich vorstellen und sich und Ihr Anliegen vortragen, hat diese nach Ihnen gegoogelt! Sie hat nichts über Sie gefunden. Keine Einträge, keine Seite, keine Präsentation? Oder aber sie hat ihre Homepage gefunden? Was sieht sie da? Was findet sie sonst noch z.B. über Ihre Person? Darum liebe Leserschaft lege ich Ihnen ans Herz, nutzen Sie das Internet als Medium sehr gezielt. Es muss von Ihnen eine passende Vita vorliegen. Es muss für die Kundschaft auch eine seriöse Seite zu finden sein und Sie müssen auf dieser Seite interessante, spannende, aktuelle und fesselnde Artikel oder Links positioniert haben. Eine interessante Ergänzung ist ein Forum in dem Sie über Ihre Produkte/Dienstleistungen immer aktuell berichten.

Laden Sie dazu User ein, und geben diesen dort die Möglichkeit sich zum einen zu informieren oder aber auch Fragen zu stellen, also allgemein gesagt Forumsmitglieder zu werben. Diese sind dann auch schon interessiert an Ihren Produkten, und sie ziehen diese aus der gänzlichen Anonymität. Bieten Sie dem Kunden an, ihm Newsletter zu diesen Themen zu zusenden. Oder laden Sie diese Interessenten zu Veranstaltungen, oder temporären Aktionen ein. Dann werden Sie auch Erfolg bei dieser Kundschaft haben.

Selbst dann, wenn Sie nicht per sofort alle notwendigen Daten für Ihr Datenwarenhaus von der Kundschaft erhalten. Sie wird Ihnen den ersten Baustein für das Datenwarenhaus geben, nämlich ihre e-Mail Adresse.

Hier möchte ich darauf hinweisen, Sie machen sich Gedanken über Ihre Internetpräsentation! Natürlich sollen Sie nicht alles selber machen. Lassen Sie es durch ein Team vom Fach erledigen. Jemand die davon Ahnung haben, dann lässt sich darauf viel aufbauen. Zusätzliche Möglichkeiten, mit denen Sie dann am Ende auch akquirieren können. Sie haben Ihre Homepage toll zusammengestellt! Dabei haben Sie auf der Seite viele interessante Features erstellt. Diese werden auch gefunden, von einer Kundschaft die Sie anrufen? Ja, weil diese Ihren Unternehmensnamen von Ihnen erfahren haben!

Sie konnte Ihre Seite finden! Sie hat die Möglichkeit Informationen von Ihnen, ihrem zukünftigen Handelspartner zu erhalten. Sie akquiriert Sie. Wenn Sie eine wirklich gute Präsentation besitzen, erzählt diese von Ihrer Seite ihren besten Freunden. Sie sollten dafür sorgen, leicht zu finden sein. Wenn Sie einmal dabei sind, praktisch ist es auf anderen Seiten, von Freunden, sich mit einem Banner (Verlinken) zu präsentieren. Lassen Sie auf frequenzstarken Seiten doch ein Popup erscheinen, wenn Sie eine Zielgruppe für Ihr Produkt ausmachen. Versuchen Sie so viel wie möglich, damit Kunden auf Ihre Seiten kommen und dort sich gerne umschauen.

So ist es außer einer Homepage, auf dem Ihr Unternehmen sich präsentieren kann, ebenso wichtig, präsentieren Sie sich persönlich im Internet. Sie sollten unter Ihrem Namen auch als Akquisiteur oder

Verkäufer zu finden sein. Also melden Sie sich auf Business-Plattformen hierzu an. Dort gibt es ohne Frage auch Kontakte welche Sie direkt akquirieren können, oder für Sie als Multiplikatoren auftreten. Von vielen solchen Plattformen können Mailings versenden werden, welche leicht zu generieren sind, und den Kostenrahmen nicht sprengen. Aber dann sind wir nicht mehr in der Akquisitionsphase sondern informieren den Kunden bereits. Zu diesem Thema lesen Sie mehr im Band 3 „Nach dem Kauf, ist vor dem Kauf"

Hierbei ist es wichtig alle Dinge in die Wege zu leiten, um die Kundschaft dazu zu verleiten sich zu öffnen und ihre Daten Ihnen preiszugeben. Garantieren Sie der Kundschaft dringendst, ihre Daten sind bei Ihnen gut aufgehoben und sie muss keine „Schindluder" befürchten. Bewahren Sie diese Einwilligung in schriftlicher Form auf und geben dem Kunden ein Exemplar. Wenn Sie die e-mail-Adresse erhalten haben, dann sollten Sie diese auch nur dazu einsetzen um Newsletter zu versenden. Bitte achten Sie darauf, Sie setzen diese möglichst genau und nicht zu breitgestreut ein. Wenn Sie in Ihrem Verkaufsportfolio eine breite Palette an Produkten oder Dienstleistungen anbieten, sollten Sie die Kunden nur zu den Dingen anmailen, wozu sie sich bei Ihnen auch angemeldet haben.

Alternativ ist es möglich, Sie erstellen dann eher einen umfassenden Newsletter. Dieser weist auf das gesamte Programm Ihres Unternehmens hin.

Sollten Sie auf eines der Newsletter Resonanz erhalten, dann reagieren Sie auch und ganz wichtig, reagieren Sie ganz schnell. Die Kundschaft welche sich per mail bei Ihnen melden, die möchten auch die Antwort schnell zurück erhalten.

Nur dann bleiben Sie in der ersten Reihe. Schaffen Sie es mit Ihr zu korrespondieren, dann haben Sie schon viel erreicht. Bauen Sie das Datenwarenhaus weiter auf und Sie werden sehen, am Ende haben Sie den Erfolg. Ein weiteres Medium im Internet sind Fernsehen und Radio. Diese Medien können intern in der Homepage integriert sein, oder aber auch extern. Auch dort können Sie sich präsentieren und hier haben sie die Möglichkeiten Popups so zu integrieren, damit Sie Adressen generieren. Mit diesen Medien, können Sie eine Aufzeichnung Ihres letzten Events präsentieren. Oder aber Sie haben einen festen Sendeplatz. Z.B. zu einer festen Uhrzeit, täglich um ….

Zu dieser Zeit treten immer Sie auf und präsentieren eine Aktualität. Nach einigen Sendungen werden Sie schnell feststellen, Sie haben merkliche mehr Resonanz. Natürlich bietet es sich umso mehr an, wenn Sie einen Fernsehsender als Partner haben, der zusätzlich auch über Kabel, Satellit oder Antenne zu empfangen ist. Solch Kopplungen bieten sich bestens an. Wenn Sie schon einmal bei der Webgestaltung sind, lassen sich natürlich auch noch weitere Möglichkeit einbauen.

Bringen Sie eine Webcam bei einem Event an. Kontakte welche nicht vor Ort sein konnten bekommen doch einen Eindruck über diese Veranstaltung vermittelt.

In letzter Zeit wurde darauf aufbauend Meetings veranstaltet die interessante und zukunftsträchtige Ideen behandeln. Die Effizienz dieser Möglichkeiten, um daraus neue Adressen akquirieren zu können wird sich noch zeigen. Präsentieren Sie sich aber auch mit Qualität in Ihrem eigenen Fuhrpark und in Ihrer Ausstellung.

Bedenken Sie, Kontakte die sich mit einem Produkt oder einer Dienstleistung aus Ihrem Haus beschäftigen, akquirieren Sie! Jeder Handelspartner möchte wissen mit wem er seine Geschäfte abwickeln wird.

Stelle Sie sich einmal gedanklich vor, wie wohl es in der Firma aussieht, deren Fahrzeug gerade heute früh an der Ampel neben Ihrem Fahrzeug stand. Im Straßenbild begegnet diesem Interessenten genauso ein Fahrzeug aus Ihrem Haus. Welchen Eindruck bekommt dieser Interessent folglich von Ihrem Unternehmen? Erkennt denn ein möglicher Interessent, dieses Fahrzeug gehört zu Ihrem Unternehmen? Erfährt er etwas über Ihr Unternehmen?

Darum lege ich es Ihnen ans Herz, lassen Sie sich von Ihren Interessenten akquirieren!

# Gesetz der Kundenantworten

In den vorherigen Abschnitten lernten Sie die grundlegende Erklärung der Akquise kennen. Auf den folgenden Seiten, bereite ich Sie darauf vor den zukünftigen Kontakten akquisitorisch gut vorbereitet gegenüber zu treten.

Hierzu gehört neben dem bereits erworbenen Wissen und gutem Handwerkzeug auch die mentale Einstellung zu besitzen. Dieses Wissen beinhaltet vor allem eines, es gibt mehr Neins als Jas! Sie müssen verstehen, ein Nein ist nicht gegen Sie persönlich gerichtet sondern gegen den jeweiligen Umstand. Bedenken Sie, alle Kontakte die Sie ansprechen, befinden sich mit ihrem „Derzeitigen" Produkt an einer bestimmten Stelle in ihrem derzeitigen Verkaufskontinuum. Ohne zu fragen werden Sie die Position nicht erfahren. Wenn Sie nicht wissen, wo sich die Kundschaft im Verkaufskontinuum befindet, wissen Sie auch nicht wann dieses beendet ist. Wenn Sie nicht wissen wann ihr derzeitiges Kontinuum endet, werden Sie es verpassen, sollten die Kontakte irgendwann kaufbereit sein. Wenn Sie diesen Moment verpassen werden Sie aus den Kontakten auch keine Kontrakte produzieren.

An anderen Stellen habe ich bereits detailliert das Datenwarenhaus erklärt. Um dieses zu füllen benötigen Sie Informationen.

Darum stellen Sie einfach folgende Frage: „Können Sie etwas mit dem Produkt / Dienstleistung anfangen?" oder „ möchten Sie / gefällt Ihnen dieses Produkt oder diese Dienstleistung? " So oder so ähnlich geht das!!!

Sie werden immer eine Antwort oder Reaktion auf diese Frage erhalten. Es gibt zwar so viele verschieden Formulierungen aber der Kern der Antworten lässt sich auf genau 7 Antworten reduzieren.

Diese wären:

1.     Ja, ich will Ihr Produkt!

2.     Ich weiß nicht!

3.     Keine Zeit!

4.     Kein Geld!

5.     Anderer Lieferant!

6.     Sage ich ihnen nicht!

7.     Mache ich selber, Ihr Produkt brauche ich nicht!

Aus diesen Antworten können Sie nun schlussfolgern, in welcher Stelle sich die Kundschaft momentan befindet. Dazu führe ich im Folgenden die Standortbestimmung im Einzelnen aus.

**Antwort 1 (Ja, ich will Ihr Produkt).**

Darauf lässt sich sagen, dieses ist eine heiße Adresse und diese Kundschaft befindet sich am Ende ihres derzeitigen Verkaufskontinuums. Sie stehen unmittelbar vor der Akquisitionsphase oder sind schon mitten drin. Vervollständigen Sie die grundlegenden Informationen des Datenwarenhauses und begleiten Sie diese Kontakte in die Informationsphase. Wenn Ihr Team diese Kundschaft dann fachgerecht weiterbetreut, wird sie sich von Ihnen in die Verkaufsphase und von dort durch ihr weiteres neues Verkaufskontinuum betreuen lassen.

## Antwort 2 (Ich weiß nicht)

Hier ist es so, die Kundschaft hat sich nicht mit einem anderen Produkt beschäftigt. Sie sagte es ja schon! Die Frage ist also, ist ihr derzeitiges Produkt noch nicht alt genug um es zu erneuern? Befindet sich die Kundschaft noch mitten in der Nutzungsphase ihres derzeitigen Produktes? Dann ist es vorerst unsere Herausforderung, diese Kontakte sorgsam zu pflegen und zu betreuen um sie mit der Zeit, in der sie noch ihr „Derzeitiges" nutzt, zu Ihrer Kundschaft aufzubauen.

Sie lernt Ihr Portfolio kennen und Sie wecken Wunsch oder Bedarf oder sogar den Zwang damit die Kundschaft Ihr Produkt besitzen möchte. Für Sie ist diese Kundschaft nicht verloren. Sie ist in ihrem derzeitigen Verkaufskontinuum nur noch nicht so weit vorangeschritten sich gegen ihr „Derzeitiges" zu entscheiden. Sie haben jetzt den Vorteil diese Kundschaft in der nächsten Zeit regelmäßig mit Informationen zu versorgen. Der Tag an dem die Kundschaft entscheidet, ihr „Derzeitiges" könnte erneuert werden, wird kommen!

Sie sind einer der potentiellen Partner, welche die Kundschaft dann akquirieren wird. Sie besitzt ja bereits die Informationen über Sie, Ihr Unternehmen und Ihre Produkte. Seien Sie dann zur Stelle und begleiten Sie diese Kundschaft weiter!

## Antwort 3 (Keine Zeit)

Diese Antwort besagt nur, die Kundschaft sagte es Ihnen ja auch gerade, sie hat keine Zeit. Interpretieren Sie keine weiteren Aspekte in diese Antwort hinein!

Bedenken Sie bitte immer eines, wenn Sie sich mit Akquisition beschäftigen. Jede Kundschaft, die Sie gerade ansprechen, ist genau in diesem Moment, in dem Sie ihr begegnen mit irgendetwas oder irgendeiner Tätigkeit beschäftigt.

Diese Tätigkeiten können je nach dem, etwas sein was der Kundschaft angenehm oder unangenehm ist. Im ersten Fall haben die Angesprochenen in diesem Moment in dem sie angesprochen wurde wirklich keine Zeit. Keine Zeit die sie sich nehmen lassen wollen, um diese angenehme Tätigkeit zu genießen. Bitten Sie einfach um einen anderen Termin. Fragen Sie, ob ein anderer Zeitpunkt passender wäre. Dabei schlagen Sie z.B. 2 Termine vor, an denen Sie zeitlich wieder vor Ort sind. Registrieren Sie sich diesen Termin in Ihrem Datenwarenhaus und die Kundschaft kann von Ihnen betreut werden. Beim nächsten Termin werden Sie erfahren wo die Kundschaft ihre Position in ihrem derzeitigen Verkaufskontinuum einschätzt.

Die Kontakte, die gerade mit einer unangenehmen Tätigkeit beschäftigt sind, ja viel leicht froh sind über Ihr Erscheinen, die werden sich die Zeit für Sie nehmen. Von dieser Kundschaft bekommen Sie alle möglichen anderen Antworten. Nicht jedoch die, von der fehlenden Zeit. Es sei denn, diese Kundschaft wurde zu dieser Tätigkeit „gezwungen". Und will diese deshalb so schnell als möglich abarbeiten. Auch dann vereinbaren Sie einen neuen Termin!

### Antwort 4 (Kein Geld)

Eine Kundschaft die Ihnen diese Information anvertraut, die ist in gewisser Weise schon informiert.

Aber, sie muss Sie sehr sympathisch finden, sonst hätte sie diese Information Ihnen nicht offenbart.

Erfahrungsgemäß werden Sie diese Antwort so auch nicht sofort erhalten. Erst nach einem kleinen Gespräch wird sie sich Ihnen anvertrauen. Sie wird Sie in diesem Gespräch akquirieren! Diese Kundschaft prüft, ob Sie eine Lösung für ihr Problem haben. Verständlich ist die Zurückhaltung bei dieser Offenbarung, in unserer Gesellschaft ja auf jeden Fall. Andererseits bedenken Sie bitte, folgenden Ausspruch: „Verstoße nie einen armen Kunden, er könnte reich werden!"

Tritt irgendwann diese Situation wirklich ein, wird sich diese Kundschaft an Sie erinnern. Ideal wäre es wenn Sie es schaffen, durch Ihr Produkt oder Dienstleistung aus der armen Kundschaft eine reiche zu schaffen. Suchen Sie sich dazu Partner, damit Sie der Kundschaft Metamorph werden. Wandeln SIE die Kundschaft von arm zu reich. Lesen Sie dazu mehr in meinem Buch: „Nach dem Kauf, ist vor dem Kauf!"

Es ist die hohe Kunst genau diese Herausforderung anzunehmen. Für Ihre Verkaufsabteilung generieren Sie die Kundschaft. Der Kundschaft eine Lösung zu präsentieren, die ihre Solvenz oder Liquidität nicht negativ beeinflusst, wird kaufmännisch mit Ertrag verbunden sein.

Es lässt sich feststellen, diese Kundschaft befindet sich in der Informationsphase. Denn bis dato ist sie beim Informieren an ihrer finanziellen Grenze gescheitert. Ihr Versuch mit einer anderen Geschäftspartnerschaft scheiterte. Glauben Sie mir, wenn Sie jetzt keine Lösung aufzeigen wollen, wird diese Kundschaft irgendwann einen anderen Geschäftspartner finden.

Wird die arme Kundschaft ohne Ihr Zutun reich, wird sich die Kundschaft auch an Ihre Ablehnung erinnern. Diese Kundschaft haben Sie durch Ihre Ablehnung verloren!

## Antwort 5 (Anderer Lieferant)

Bei dieser Antwort sollten Sie sich wieder das Verkaufskontinuum vergegenwärtigen. Ihr Kontakt sagt: Ich habe einen anderen Lieferanten", na und! Warum soll er denn keinen haben. Es bestätigt doch nur, dieser Kontakt gehört zu Ihrer avisierten Zielgruppe. Daraus ableitend müssen Sie schlussfolgern, wenn diese Kundschaft schon ein vergleichbares Produkt besitzt, müssen Sie nur noch  herausfinden, wann diese ihr „Derzeitiges" erworben haben, und wie ihre Erfahrung, in Bezug auf dessen Haltbarkeit, Bedienbarkeit etc. bisher ist.

Ermitteln Sie den Standort der Kundschaft in ihrem derzeitigen Verkaufskontinuum! Bieten Sie diesem Kontakt an in regelmäßigen Abständen, Informationen zukommen zu lassen. Wenn die Kontakte Informationen erhalten, aus denen sie schlussfolgern Ihr Produkt besitz mehr Nutzen/Freude als jenes Produkt welches bisher genutzt wird, dann wird sie bei Kaufbereitschaft sich an Sie erinnern. Halten Sie regelmäßig Kontakt zu diesem Kontakt und pflegen Sie Ihr Datenwarenhaus. Vergessen Sie nicht diese Kundschaft wird irgendwann ihr „Derzeitiges" erneuern müssen. Dann werden Sie mit Ihrem Angebot da sein.

## Kunden 6 (Sage ich ihnen nicht)

Akzeptieren Sie doch diese Information erst einmal einfach so.

Nun kann es ja wirklich sein, diesem Kunden gefällt Ihre ganz persönliche Nase ganz und gar nicht! Daran können Sie leider gar nichts ändern. Sogar wenn Sie der günstigste Lieferant im ganzen Universum wären, hätten Sie hier keine Chance.

Oder, Ihr Produkt entspricht nun leider gänzlich nicht seinen Vorstellungen. Er mag es sogar schon einmal geprüft und nicht für seinen Bedarf geeignet gefunden haben.

Daraus lässt sich doch ableiten, dieser Kontakt gehört nicht zur Zielgruppe. Ob dieses sich durch innere oder äußere Einflüsse die auf das derzeitige Verkaufskontinuum einwirken werden, sich jemals geändert, lässt sich schwerlich voraussagen. Dazu müssen Sie schon in einiger Zeit den Kontakt erneuern und wiederum fragen. Nutzen Sie doch Ihre Erfahrung und fragen Sie diesen Kunden dann nicht noch einmal ob er Ihre Produkte kaufen würde, sondern welche Produkte er kaufen würde. Bekommen Sie dann eine Antwort, freuen Sie sich erst einmal darüber und vergleichen Sie dieses, mit dem von Ihnen erfüllbaren. Andererseits sollten Sie feststellen dieser Kontakt zählt nicht zur Zielgruppe, nutzen Sie die Zeit um sich anderen Kontakten zu zuwenden. Versuchen sie auch hier nicht mit allen Mitteln ihn zu einem Verkaufsgespräch zu überreden. Mit Sicherheit werden Sie von diesem Kunden nicht die grundlegenden Informationen für Ihr Datenwarenhaus erhalten, eher erfahren Sie die Gebissgröße seines Hundes.

**<u>Kunde 7(Mache ich selber, Ihr Produkt brauche ich nicht)</u>**

Tja warum soll uns dieses nicht irgendwann einmal geschehen? Sie treffen, auf Ihren Wegen zu den Kunden einen Marktbegleiter. Dem wird Ihre Verkaufsabteilung nichts verkaufen, also auch bei der Akquisition werden Sie ohne Erfolg bleiben. Genauso werden Sie nichts verkaufen an Kundschaft, welche keinen Bedarf oder Wunsch oder Zwang verspüren Ihr Produkt erwerben zu wollen.

Sie werden Kontakten, außerhalb Ihrer Zielgruppe nichts verkaufen! Warum ein Kontakt sich außerhalb Ihrer Zielgruppe befindet hat vielfältige Ursachen. Verschwenden Sie keine Zeit in Bezug auf deren Ursachenforschung! Konzentrieren Sie sich besser auf Kontakte innerhalb Ihrer Zielgruppe! Sollten sich bei Ihrer Akquisition Kontakte außerhalb der Zielgruppe häufen, steht die Frage nach Ihrer Akquisitionsvorbereitung. Haben Sie die richtige Zielgruppe für Ihr Produkt ausgewählt? Sie sollten schnell Rückschlüsse ziehen und Ihre Strategie ändern. Lesen Sie bitte hierzu im Band 1 „Das Verkaufskontinuum" aus dieser Reihe unter dem Abschnitt „Teamorientierte Ablaufplanung" mehr zu dieser Thematik.

Jedoch sollten Sie auch die Kunden der Gruppe 6 und 7 nicht gänzlich vernachlässigen! Sollten sich die Lebensumstände, ausgelöst durch Impulse von inneren oder äußeren Einflüssen ändern, dann könnten diese Kontakte schlagartig zu Ihren Interessenten werden. Diese lassen sich dann sehr wohl akquirieren. Gerade weil diese Kontakte Sie schon kennen. Hierbei bleibt es dabei wie schon erwähnt, pflegen Sie Ihr Datenwarenhaus und Beharrlichkeit zahlt sich irgendwann aus!

# Das Ping

Alle Kontakte beruhen in ihrem Anfang darauf, 2 Personen begegnen sich! Bei der Akquise begegnen sich die Akquisiteurschaft und die zu Akquirierenden. Diese beiden treten in diesem Moment in eine Kommunikationsbeziehung. Beiden Personen stehen damit schon in einer ganz besonderen Beziehung. Denn sobald sich 2 Menschen begegnen, dann entsteht in diesem Moment etwas „Drittes" zwischen ihnen. Diese Erscheinung geschieht unabhängig davon, ob sich diese Menschen auf der Suche nach einem potentiellen Handelspartner befinden oder eine andere Bezugsebene erstreben. Dieses „Dritte" tritt immer auf! Gerade bei uns im Verkauf ist es eines der wichtigsten Aspekte! Dieses „Dritte" entsteht in der Beziehung Akquisiteurschaft – Kundschaft und auch umgekehrt. Um auf dieses „Dritte" näher eingehen zu können, möchte ich anführen, es handelt sich hierbei um eine wissenschaftlich belegte Tatsache. Dieses „Dritte" lässt sich bei einer verbalen Kommunikation messen. Der Sprecher formt Worte und betätigt dafür seine Muskeln. Diese verbrauchen Energie und erzeugen beim sprechen akustische Wellen! Diese Schallwellen breiten sich im Raum aus. Sie durchdringen die Materie ohne sie zu verändern. Schallwellen übertragen ihre Energie von Molekül zu Molekül. In diesem Fall von Luftmolekül zu Luftmolekül. Sie treffen irgendwann auf das Trommelfell des Hörers und werden dort wieder in Impulse gewandelt, welche im Gehirn des Hörers eine Reaktion bewirken. An diesem Modell lässt sich das „Dritte" gut erklären.

Ohne die <u>Begegnung</u> des Sprechers mit dem Hörer entsteht keine Kommunikation und damit auch kein „Drittes"!

Ein vergleichbares „Drittes" lässt sich beim Lesen belegen. Ein Autor schrieb mit einer Feder, Worte auf Papier oder durch die Tastatur Buchstaben in eine Datei. Immer hat er Bewegungsenergie für die Handarbeit verbraucht und diese umgewandelt, eben in jenes „Dritte"! Alle Leser egal ob sie die geschrieben oder gedruckten Zeilen auf dem Papier oder wieder von einem Bildschirm ablesen, erhalten eine Information. Diese löst eine Reaktion im Gehirn des Lesers aus. Natürlich ist es bei jener Literatur, (z.B. genau dieser die Ihnen gerade in diesem Augenblick vorliegt) toll wenn diese Reaktion ein Denkanstoß mit sich bringt.

Ein jeder Autor investiert Energie! Durch diese Energie wandelt er Gedanken in Worte um. Diese lassen sich (bei einem Autor, schriftlich) festhalten und aufbewahren. Dank dessen, wurden uns Worte aus alter Zeit überliefert. Diese Worte halten einen Prozessablauf fest, der dem Autor es Wert erschien, verewigt zu werden. Genau diese Worte, sind jenes „Dritte", welches zwischen Autor und Leser entstand. Immer dann wenn der Leser diese Worte aufnimmt, erhält er auch einen energetischen Impuls.

Wissenschaftlich lässt sich ein weiteres „Drittes" an einem weiteren Denkmodell sehr leicht erklären.

2 Menschen begegnen sich zum ersten Mal. Vorher hatten sie noch nie Kontakt.

Sofort in diesem Moment müssen diese voneinander feststellen was sie mit ihrem nun gegenüberstehenden anfangen können. Darum wird einer der beiden zuerst einen „Ping" aussenden.

Dieser „Ping" ist zielgerichtet auf diesen anderen Menschen gerichtet. Er beinhaltet Frageinformationen, welche erkunden: „Was will dieser Mensch mit mir anfangen?" Der Gegenüber erhält diesen Ping! In seinem Unterbewusstsein spielt sich nun der Erhalt des „Ping" und des Versenden des eigenen „Ping" ab. Mit dem Erhalt des Pings wird anhand von allerersten Gesten, dem Erscheinungsbild und Auftreten, der Sprache, dem Geruch und gegebenenfalls auch des Händedrucks, ein Informationsschema erstellt. Dieses wird mit den in der Erinnerung abgespeicherten Abbildern verglichen, ausgewertet und in diesem „Rück -Ping" verpackt und zurückgesendet. Dieser „Ping" und „Rück-Ping" spielen sich ebenso auf der anderen Seite ab. Hierbei fließen besagte energetische Ströme als Sonderform der „Dritten".

**Das Ping ist eine Sonderform des „Dritten".**

Es sind Informationen welche außerhalb der Kommunikation weitergegen werden. Beim schreiben und späteren lesen eines Textes gibt es hierzu eine Umschreibung, welche als „zwischen den Zeilen lesen" bezeichnet wird.

Zurück zu unserer Aufgabe der Akquisition. Immer wenn der Akquisiteur zum allerersten Mal mit einer anderen Person in Kontakt tritt, läuft genau dieser oben beschrieben Prozess ab. Die energetischen Ströme welche durch das Ping fließen sind nichtverbale Kommunikation.

**Das Ping tritt immer nonkommunikativ auf!**

Mit dem Versenden und Empfangen des Pings werden bei allem menschlichen Aufeinandertreffen, die Fragen nach dem „Was will der andere" gestellt.

Versetzen Sie sich bei einer Akquisition in genau diese Situation bei jeder einzelnen Kontaktaufnahme. Der zu Akquirierende empfängt einen Ping von der Akquisiteurschaft! Gleichzeitig senden die Akquirierten einen Ping an die Akquisiteurschaft. Das Ping welches von der Akquisiteurschaft stammt und das Rück-Ping werden auf Übereinstimmung überprüft. Aus diesem Ergebnis ziehen die Kontaktierten ihre Schlüsse. Selbstverständlich laufen auch bei der Akquisiteurschaft diese Prozesse ab. Auch diese sendet ja ihr Ping um das Rück-Ping zu erwarten und vergleicht dieses mit dem vom zu Akquirierenden empfangenen Ping. Dieses Vergleichen löst ein Gefühl aus. Genau dieses „man fühlt sich wohl", ist diese resultierende Reaktion. In der Umgangssprache heißt es dann: „Es gibt nur eine Chance für den ersten Eindruck!" oder „Der erste Eindruck täuscht nicht!"

Nicht nur unsere potentiell zu kontaktierenden hinterlassen einen Eindruck. Auch Sie als Akquisiteurschaft hinterlassen diesen. Sie hinterlassen ihn auch ohne ein einziges Wort gesagt zu haben.

Darum hinterlassen Sie den besten Eindruck. Dieser muss die Basis werden, um bei der folgenden verbalen Kommunikation Erfolge zu erzielen.

# Die Anwendung des Pings

Das Ping gibt den Personen zwischen denen ein „Drittes" entsteht eine gefühlte Signalwirkung. Ob jeder Mensch sofort versteht worauf diese Reaktion beruht, möchte ich nicht beurteilen. Jedoch Sie liebe Leserschaft, die im Kundenkontaktsystem Ihres Unternehmens tätig sind müssen über diese Funktionsweise Bescheid wissen! Diese Signalwirkung die die Akquisiteurschaft von ihren Kontakten zurückerhalten, müssen diese nun konkret einordnen.

Anders sieht es bei Ihren potentiellen Kontakten aus! Diese haben nicht so viel mit professionell ausgebildeten Akquisiteuren zu tun. Darum nehmen sie die Signalwirkung welche durch Ping und Rück-Ping erzeugt werden anders auf. Wie soll sie aber diese Signalwirkung aber aufnehmen? Aus Ihrer Sicht natürlich so positiv als möglich! Darum muss nun Ihre Aufgabe sein, diese positive Wirkung zu verstärken. Treten Sie ehrlich und sympathisch auf!

Warum ist dieses so wichtig? Ein Sprichwort sagt: „Liebe auf den ersten Blick" ein anderes „Der erste Eindruck täuscht nicht". Diese Sprichwörter verdeutlichen genau die Erkenntnisse aus meinen Untersuchungen! Sie müssen von der ersten Sekunde an ein Sympathieverhältnis zwischen Kundschaft und Akquisiteurschaft aufzubauen. Darum wollen wir einmal untersuchen wie sich ein solcher Sympathiefaktor ergibt. Versetzten Sie sich einmal in die Position Ihrer Kundschaft! Wann verspüren Sie Sympathie für Ihr Gegenüber? Wie sollte er Sie ansprechen. Sollte er Hochdeutsch oder darf er Dialekt sprechen? Wenn schon Dialekt, dann welchen?

Bitte überlegen Sie, mit welchen Worten möchten Sie angesprochen werden? Reicht es nicht aus, den Kontakt mit einem Lächeln zu begrüßen und einen „Guten Tag" zu wünschen? Eines erreichen Sie auf jeden Fall, der Kunde reagiert auf irgendeine Weise darauf.

Wie Sie bereits lesen konnten, findet vor jeder verbalen Kommunikation das Ping statt. Hierbei werden im Unterbewusst die empfangenen Informationen aus Ping und Rück-Ping mit bereits gespeicherten Ereignissen verglichen. Jedes Unterbewusstsein gibt auf diesen Abgleich hin eine Reaktion an das Bewusstsein weiter. Erfahrene Kundenbetreuer stellen sofort fest was mit dem Kontakt los ist.

Dieser Eindruck wird im nächsten Schritt, durch die Begrüßung, überprüft. Hierbei begrüßt die Akquisiteurschaft den Kontakt ganz gezielt mit einer vorbereiteten Formel der Ansprache. Diese wird daraus bestehen:

- Tagesgruß

- Persönliche Namensnennung

- Persönliche Kontaktansprache mit abschließendem Fragesatz (W-Frage)

Schon sind Sie im Gespräch mit dem Kontakt. Sprechen Sie den Kontakt an und verführen Sie diesen dazu zu reden.

Lassen Sie hierbei unbedingt Ihre Sympathie spielen.

## Seien Sie sympathisch!

Bringen Sie dem Kontakt das Gefühl herüber: „Sie sind aber sympathisch". Vergessen Sie nie, diesen Kunden kennen Sie noch nicht persönlich. Sie müssen völlig unvoreingenommen sein. Das Ping tritt nicht nur in der vorverbalen Kontaktphase zwischen den Personen auf.

Es bleibt während der gesamten Kommunikation zwischen diesen Personen als dauerhaftes Ping und Rück-Ping. Sie spüren dadurch sehr wohl wenn die Stimmung im Gespräch eine Veränderung erfährt. Hierbei sind die Ursachen wiederum innere und äußere Einflüsse. Reagieren Sie darauf und steuern Sie dieses Gespräch! Die Kontakte spüren ebenso wie Sie im Unterbewusstsein das Ping und Rück-Ping!

Bedenken Sie irgendwelche beliebigen Kontakte denen Sie gerade begegneten wissen nichts von Ihnen und haben möglicherweise keinen Bedarf für Ihre Produkte oder Dienstleistungen. Diesen müssen Sie anders begegnen als den Kontakten, welche schon über Sie informiert sind.

Konzentrieren Sie sich darum auf jene Kontakte welche Wunsch, Bedarf oder Zwang nach Ihrem Angebot verspüren! Diese Kontakte erwarten von Ihnen dann auch eine Betreuung. Diese können Sie nur erbringen wenn Sie die fundamentalen Informationen des Kunden in Ihrem Datenwarenhaus hinterlegen. Diese Informationen müssen zu jeder Zeit abrufbar sein! Vervollständigen Sie dieses Datenwarenhaus nach jedem Kundengespräch. Hinterlegen Sie dort auch die Informationen aus Ping und Rück-Ping.

# Die richtige Kundenansprache

Sie haben den Mut gefasst, um sich ans Telefon zu setzten oder auf einem Stand oder irgendwo an der Haustür Ihre Produkte zu präsentieren!

Dann steht die Frage „Wie sprechen Sie die Kundschaft an?" Im Gegensatz zu unserer Aufgabe dort draußen die Kundschaft anzusprechen, ist es natürlich ein Leichtes, jene die in ein Geschäft kommen, anzusprechen. Zwar muss es Ihr Ziel sein auch draußen Kundschaft ohne Scheu anzusprechen, aber wir wollen einmal versuchen die Kundenansprache vorerst „inhouse" zu trainieren. Denn die Ansprache der Akquisiteurschaft an die Kundschaft ist eine der am meisten diskutierten Szenarien im Verkaufskontinuum, und sicherlich eine der strittigsten.

Bei der Ansprache an den Kontakt wird ein Höchstmaß an Kreativität verlangt. Die meisten Ansprachen, lassen das Gefühl eines ehrlichen Interesses der Akquisiteurschaft vermissen. Nur diejenigen haben einen Wettbewerbsvorteil, die aus der Masse der gleichlautenden Kundenansprachen herausstechen. Indem diese etwas Neues bieten und damit nicht jede Kundschaft gleich ansprechen. Übrigens hat dieses auch niemand verdient.

Leider ist die besonders beliebte "Rot-Kreuz-Ansprache", gang und gäbe. "Kann ich ihnen helfen". So jedoch fragt höchstens der Rettungssanitäter dem scheinbar Verletzten. Nein, meine liebe Leserschaft, diese Ansprache vergessen sie gleich am besten komplett"!

In einer Gesprächsrunde mit erfahrenen Akquisiteuren, hörte ich, bei dieser Ansprache habe die Kundschaft sofort das Gefühl, dem erhabenen Verkaufsprofi hilflos ausgeliefert zu sein. Denn dieser Mensch setzte ja in seiner allerersten Ansprache schon die Hilfsbedürftigkeit der Gesprächspartner voraus. Im Abschnitt über das Ping schrieb ich von einer nonkommunikativen Ebene. Kunden welche von Ihnen Wünsche erfüllt bekommen wollen werden genau an dieser Stelle durch das Ping ein Alarmsignal erhalten.

Wenn Sie schon unverbindlich ansprechen wollen, dann bitte: „Was darf ich für sie tun (natürlich nach dem „moin moin" / „Grüß Gott" oder was auch immer.

Oder Sie sprechen ein: "Wofür interessieren Sie sich?" aus. Besser ist, sie stellen ihre Ansprache auf die jeweilige Situation ab. Beispiel: Die Kundschaft sitzt in einer blauen Garnitur. Sie sprechen zum Kunden ohne weitere Ansprache: "die bekommen sie auch in einem roten Stoffbezug". Kundschaft: "aber wir wollen kein rot..." schon sind sie im Kundengespräch. Stellen Sie doch einfach Fragen: z.B. "Wie fühlen Sie sich in dem Sofa?" Ihr Interessent wird Ihnen antworten. Dann brauchen Sie "nur" noch gut zuhören. Oder nehmen sie ggfs. die Kinder oder das mitgebrachte Haustier zum Anlass einer Ansprache. Oder loben sie die tolle Handtasche der Kundin, aber bitte nicht gekünstelt. Dann geht auch eine Ansprache in der Form: „Schickes Sofa auf dem Sie sich 'rumlümmeln. Ich möchte Ihnen das verkaufen. Was muss ich tun?" Aus die Maus.

Zentraler Punkt aller Vorschläge für Ansprachen ist die Frage der Ehrlichkeit. So viele Akquisiteure zeigen deutlich, sie wenden einfach nur gelerntes oder geübtes an.

Ein erfahrener Akquisiteur erzählte mit einmal, er handhabe es wie folgt: „Verkaufsakquise ist wie "Sozialakquise"." Irgendwann muss ich das Mädel (= potentieller Kunden) fragen, ob sie nicht mal meine Briefmarkensammlung ansehen will. Je schneller ich sie frage, je eher ich bereit bin, mir ihr "Nein" anzutun, je mehr Zeit bleibt mir, mich nach einer anderen Schönen umzusehen die mehr Ahnung von Briefmarken hat. Oder ich habe dann die Zeit und finde heraus, die Schöne ist schon an mir, aber nicht an den Briefmarken interessiert.

Genau wie der Kollege es schilderte, sobald Sie im Gespräch sind, können Sie weiterfragen. Hierbei ist es wichtig, Sie wissen ein „Nein" ist keine Negierung Ihrer Person! Erinnern Sie sich bitte an das Gesetzt der Kundenantworten. Die bestimmten Umstände sind es, welche die Kundschaft daran hindern, noch nicht im derzeitigen Verkaufskontinuum so weit vorangekommen zu sein, damit ein „Neues" beginnen kann.

Interessant ist an dieser Stelle fest zustellen, gibt es eine Einflussnahme (ein bewusst herbeigeführter äußerer Einfluss) der einen entscheidenden Impuls auslöst, um den Kunden in seinem derzeitigen Verkaufskontinuum voranzubringen. Ausführlicher behandele ich diese Frage um Band 3 „Nach dem Kauf, ist vor dem Kauf". Am einfachsten ist es, fragen Sie dazu die Kundschaft! Natürlich auch an dieser Stelle nochmals erwähnt, vergessen Sie nicht Ihr Datenwarenhaus! Lassen Sie sich die grundlegenden Informationen geben. Mit der Begründung: „bis sie so weit sind, ein neues Produkt zu benötigen, möchte ich ihnen gerne aktuelle Prospekte zusenden" versteht der Kunde auch Ihr Begehren.

Wenn Sie diese Informationen erhalten haben, da bin Ich mir sicher, Sie werden dieses auch genauso schon immer machen, dann beenden Sie das Gespräch freundlich. Nun wissen Sie ganz genau. Diese Person dürfen Sie wieder anrufen (kontaktieren) um ein aktuelles Produkt vorzustellen. Weiterhin wissen Sie auch, Ihr Gesprächspartner erwartet von Ihnen angerufen zu werden. Zeigen Sie echtes Interesse an den Bedürfnissen Ihrer Kundschaft! Sie werden erfahren, es ist der angenehmste Weg für das Team um die Akquisiteur- und der Kundschaft, um zu einem Ergebnis zu kommen. Seien Sie in diesen ersten Momenten offen für die Wünsche Ihrer Kundschaft! Sie werden sehen dann öffnet sich auch eine verschlossene Kundschaft. Verleiten Sie diese sich zu öffnen! Genau diese Konstellation ist „Erfolgreiches Akquirieren"

Anders als im Ladengeschäft, ist die Kundschaft bei der „Kaltakquise" mit irgendeiner Tätigkeit beschäftigt.

Niemand ist mit „Nichts" beschäftigt! Denken Sie immer daran, wenn Sie sich dem Kunden konfrontiert. Im Gegensatz zu Ihnen, ist er auf Ihr Erscheinen nicht vorbereitet. Sie dagegen gehen ja gezielt auf dieser Situation zu. Sie müssen genau wissen, die Kundschaft die jetzt gleich die Tür öffnet, wird von der Situation, Sie zu sehen überrascht sein. Sie müssen sich tief innerlich darauf einstellen. Denken Sie immer daran, die Kundschaft unterbricht eine Tätigkeit! Eine für Sie unbekannt „Größe" ist, welche Art diese Tätigkeit es ist. Noch wissen Sie auch nicht ob Sie stören, weil die Kundschaft von dieser Tätigkeit getrennt wurde und ob sie diese Unterbrechung bedauert, oder ob er froh ist durch Sie von dieser Tätigkeit fortgerissen zu werden.

Sie können also auch von einer unangenehmen Tätigkeit befreien. Deshalb vermitteln Sie ihr kurz Ihr Anliegen und "laden" sie zu einem Gespräch ein ohne das Ziel zu bestimmen. Es gibt dann 2 Situationen worauf Sie sich aber einstellen können. Die erste wäre, wenn Sie stören und der Kunde seine Tätigkeit fortsetzen möchte. Na klar, soll er doch. Aber bitten Sie doch darum diese Gesprächseinladung nicht auszuschlagen. Sie mögen Ihnen eine Chance dazu mit einem genauen Termin geben. Die zweite Situation ist sehr häufig verbunden, mit einem sofortigen Gespräch welche durchaus in ein Gespräch mündet in dem gemeinsam geschaut wird, wo der Nutzen für die Kundschaft liegen könnte. Erst, wenn sie damit einverstanden ist (überzeugt ist, etwas Gutes für sich, oder ihre Familie zu tun), kommt es zum konkreten Informationsaustausch.

Sie werden dann die grundlegenden Informationen für das Datenwarenhaus erhalten. Wie sprechen Sie denn nun aber den Kunden, an der Haustür, an?

Nicht viel anders als auch bei einer Kundschaft die zu Ihnen kommt. Die regionale Begrüßung, wie oben schon gesagt, ist der selbstverständliche Beginner. Dann stellen Sie sich knapp vor. Dabei bringen Sie dem Kunden etwas „herüber"! Ich selber hatte in der Baubranche, Haussanierungen verkauft. Dabei stellte ich den Bedarf der jeweiligen Sanierung an der Immobilie fest. Ein Beispiel, die Dacherneuerung! Einer Kundschaft mit dem Bedarf der Dacherneuerung, trat ich immer mit einem Dachstein aus unserem Sortiment in der Hand gegenüber. Schon bei der Begrüßung reichte ich ihnen diesen entgegen. Fast immer nahm die Kundschaft diesen auch in die Hand.

Dann war mein darauf hin folgender Hinweis: „Damit könnte ihr Hausdach zukünftig ausgestattet sein". Genau dann hatte ich die Kundschaft zu einem Gespräch eingeladen. Aber natürlich geht es auch gänzlich anders. Wichtig ist, geben Sie dem Kunden bei einer Akquise an der Haustür etwas in die Hand. Zusätzlich zu dem Gehörten, sprechen Sie bei der Kundschaft weitere Sinne an. Die Kundschaft sieht etwas von Ihren Produkten und sie spürt etwas. Vielleicht hat Ihr Produkt einen speziellen Geruch, der sich bei der Kundschaft einprägt. Je mehr Sinne angesprochen werden, desto intensiver verankert sich die Erinnerung an Sie, im Kopf der Kundschaft. Genau diese Situation hatte ich selber erlebt. In besagte Zeit, in der ich in der Baubranche arbeitete, war der Dachstein in wundersam vielen Händen. Wie schon erwähnt bestand eine Gesprächseinladung darin, dieser Stein könnte der „Erste" für Ihr neues Dach sein. Nicht immer war der Kunde in seinem damaligen Verkaufskontinuum soweit sich schon verändern zu können. Aber irgendwann später einmal, ganz zufällig bei einer Messe oder Präsentation sprach mich ein Kunde an.

Er fragte, ob mein Angebot noch stehe, genau dieser oder jener Stein könnte der „Erste" für sein neues Dach sein. Natürlich wurde er es. Sogar von uns allen mit Datum signiert und vom Meister später persönlich an einer Wunschstelle verbaut.

Tolle Episode, die aufzeigt wie Sie es machen sollten. Bringen Sie sich in Erinnerung! Die Kundschaft, die irgendwann einmal in ihrem Verkaufskontinuum so weit ist, muss sich an **Sie** erinnern können.

Wissen Sie nun, warum Sie (dann allerdings als Kunde) mit so unendlich viel Werbung bombardiert werden? Genau, weil der Werbende glaubt mit diesem visuellen Erscheinen, bleibenden Eindruck zu hinterlassen. Ob dieses Gießkannenprinzip Branchenübergreifend funktioniert ist zu bezweifeln. Wie sprechen Sie die Kundschaft in anderen Situationen an? Beim „Marktschreien" sollte es hinsichtlich dieses Themas keine Probleme geben. Sie haben ja einen Stand mit einer Produktauslage! Kunden die beim zu verhaltenen Vorübergehen innehalten, werden zu einem unverbindlichen Gespräch eingeladen. Gehen Sie einmal selber auf einen Markt! Auf einem richtigen Markt Erleben Sie es selber wie die Verkäufer sich lautstark anpreisen. Ob Sie ebenso auftreten können, hängt sicher vom Produkt und der Situation ab. Aber Sie werden kein Gespräch bekommen, solange Sie hinter der Auslage verkrümelt in einer Ecke sitzen. Stellen Sie sich der Aufgabe und sprechen die Kundschaft die verweilt an! Wie? Erzählen Sie etwas über diesen Gegenstand! Oder fragen Sie doch einfach die Kundschaft welche Wünsche sie erfüllt bekommen möchte?

Es muss ja einen Grund geben warum diese Kundschaft gerade bei Ihnen verweilt! Fragen Sie sich bitte jetzt einmal selber: „An welcher Stelle im Verkaufskontinuum befindet sich die Kundschaft in diesem Moment?" Sie befindet sich in der Akquisitionsphase! Sie akquiriert Sie! Sie wird Sie in ihr Portfolio für ihre potentiellen Verkäufer einreihen. Lassen Sie sie gehen, sind sie nur auf dieser Liste irgendwo eingereiht. Aber einmal ehrlich, wollen Sie sich wirklich nur an irgendeiner Stelle unter ferner liefen wiederfinden?

Sprechen Sie mit der Kundschaft. Sie erfahren etwas von deren speziellen Wünschen. Die Kundschaft erfährt mehr über Sie und kann eher entscheiden ob es sich um genau ihr gesuchtes „Neues" handelt. Gelingt es Ihnen die Kundschaft aus der Akquisitionsphase in die Informationsphase zu bewegen haben Sie einen großen Schritt geschafft. Allgemein müssen Sie sich verinnerlichen, nur mit einer inneren positiven Einstellung können Sie neue Kontakte aufbauen! SIE müssen sich öffnen. Strahlen Sie dieses Bewusstsein an Ihre Umgebung ab!

Dann ist es vollkommen gleichgültig wann und wo Sie einem anderen Menschen begegnen und diesen in Ihren Bann ziehen! Sie sind nun vorbereitet, um Kunden ansprechen zu können! Nun steht die Frage wo ist denn nun die Kundschaft die angesprochen werden kann. Hierzu folgen auf den nächsten Seiten einige Wege um Kunden kontaktieren zu können!

Bedenken Sie, es gibt nie immer nur einen Weg! Je mehr Wege zum Kunden Sie finden und nutzen, desto mehr Kontakte werden Sie bekommen! Je mehr Kontakte Sie haben umso mehr Kontrakte erzielen Sie!

# Auf den ersten Blick

Die Wege zum Kunden sind sehr vielfältig! Sie haben auf den vorangegangen Seiten gelesen wie Sie sich auf genau diese Situation vorbereiten sollten. Wo kommen denn nun Kundschaft her mit denen Sie sprechen um diese von Ihrem Produkt oder Ihrer Dienstleitung zu begeistern?

Die Kundschaft kommen nirgend wo her! Sie müssen zu diesen gehen!

Immer und überall haben Sie Menschen um sich. Diese Menschen erwerben zu einem (momentanen) unbestimmten Zeitpunkt irgendetwas für sich selber oder ihre Familie, aber natürlich auch für ihre Unternehmung. Was dieses Irgendetwas ausmacht, ist ganz unerheblich! In den allermeisten Fällen spricht die zukünftige Kundschaft dazu mit anderen Menschen. Einer dieser Mensch könnten Sie sein!

Achten Sie einmal bewusst darauf wie vielen Menschen begegnen Sie am einem Tag? Wie viele von diesen Menschen wissen etwas über Ihre Arbeit? Wer weiß von Ihrem Produkt oder Ihrer Dienstleistung?

Warum haben Sie denen, die jenes Wissen nicht haben, davon nichts erzählt? Sie haben mit den meisten Menschen noch gar nicht erzählt! Sie haben mit so vielen Menschen noch kein einziges Wort gewechselt. Dann ändern Sie doch genau dieses!

Sprechen Sie doch einfach mal andere Menschen an. Auch wenn es an diesem Tag das allererste mal ist, dass Sie ein „Guten Tag/Grüß Gott/Moin moin" über die Lippen bekommen.

Wie viele Menschen, mit denen Sie nach Feierabend einmal sprechen, wissen davon was Sie machen? Ich meine damit die Menschen mit denen Sie schon einmal gesprochen haben. Nicht so viele? Warum nicht? Ändern Sie dieses doch einfach! Fragen Sie doch einfach einmal im nächsten Gespräch mit Ihrem gegenüber nach dessen Tätigkeit (vorausgesetzt Sie wissen es noch nicht)! Wenn dieser nicht gerade Geheimagent ist, werden Sie es erfahren. Überlegen Sie welche Verknüpfung es geben könnte zu Ihren Produkten! Irgendwann wird das Gespräch auch auf Ihren Job kommen. Erzählen Sie wie spannend es ist Ihre Kundschaft mit Ihrem Produkt glücklich zu machen. Erzählen Sie doch welche Produkte oder Dienstleistungen Sie haben und welchen Nutzen diese den Kunden bringen. Fragen Sie den Gesprächspartner ob dieser, den Nutzen auch gebrauchen kann!

Selbst bei einer Verneinung seien Sie locker. Stellen Sie sich vor, Sie wären Verkäufer von Spezialmaschinen zur Bearbeitung von Irgendetwas. Natürlich wird nicht jeder so etwas gebrauchen können. Aber Sie werden staunen wie oft es Ihnen passieren wird, es kommt in einem lockeren Gespräch eine Info über jemanden der genau dieses oder aber eine leichte Abwandlung davon gebrauchen kann.

Nehmen Sie sich doch einfach vor, in den nächsten 7 Tagen mindestens 7 Personen gezielt anzusprechen, mit denen Sie in Kontakt sind, die aber von Ihrem Vertrieb bisher nichts wissen. Gehen Sie wie oben beschrieben vor! Nehmen Sie sich die Zeit in aller Ruhe mit diesem Kontakt zu sprechen. Lassen Sie Ihren Gesprächspartner zuerst von sich reden. Merken Sie sich was Sie erfahren haben.

Sollte es Verknüpfungen geben, dann sprechen Sie diese an. Haben Sie diese nicht selber entdeckt?

Dann sprechen Sie diese an. Ich weiß, mindesten eines dieser 7 Gespräche produziert einen Hinweis der zu einem potentiellen Kunden führt!

Sie meinen Sie haben nicht diese 7 Kontakte in den nächsten 7 Tagen? Dann produzieren Sie diese. Oben sprach ich schon von dem Verkäufer, der Ihnen etwas verkaufte. Achten Sie bewusst darauf wie oft Sie etwas erwerben! Gewöhnen Sie es sich an, genau diesen Menschen immer etwas von Ihnen zu erzählen. Sie haben den Vorteil, Sie wissen schon was dieser Verkäufer verkauft. Erstellen Sie die Verknüpfung zu Ihrem Produkt und sprechen Sie diese an!

# Die Telefonakquise

Es ist Ihnen nicht möglich, Ihr Büro oder die Ausstellung zu verlassen? Sie können nicht zur Kundschaft? Dann müssen sie nicht zwingend auf Kundenkontaktierung verzichten. Greifen Sie zum Telefonhörer und nehmen Sie so Kontakt auf. An dieser Stelle möchte ich zuerst voranstellen, verinnerlichen Sie sich immer daran zu denken, Sie sollten beim telefonieren lächeln, nein müssen! Ihr Telefonpartner „hört Sie lächeln"! Der Hintergrund ist die veränderte Mundmuskulatur, welche beim Lächeln anders als bei einem traurigen Gesichtsausdruck, auch die Stimmlage beeinflusst. Daher klingt Ihre Stimme angenehmer und Sie kommen beim Gegenüber auch freundlicher an. Auch Sie werden, wenn Sie konzentriert und bewusst beim telefonieren Lächeln erfahren, auch ihr Gegenüber lächelt.

Beachten Sie bitte die in Deutschland bestehenden strengen Regeln in Bezug darauf, wen Sie anrufen dürfen. Eine gewerbliche Kundschaft können Sie schon unbesorgt anrufen, wenn Ihr Produkt zu seinem Business passt. Also informieren Sie Ihre gewerbliche Kundschaft immer ob es ihr Recht ist ein Telefonat zu führen. Sollte dieses Ihnen aus welchem Grund auch immer weitere Anrufe verbieten, dann lassen Sie es auch.

Es wird in einigen Fällen geschehen, Sie werden von Privatkunden angerufen! Dieses wird als Inboundakquise bezeichnet. Hierbei handelt es sich um eine Begrifflichkeit welche in jüngster Zeit in Mode gekommen ist.

Unter „inbound" versteht sich Hereinkommendes, und unter Akquise versteht sich etwas zu erwerben. Also jemand der hereinkommt als Kontakt zu erhalten. In unserem Sprachgebrauch wollen Sie also von diesem Anrufer die grundlegenden Informationen für das Datenwarenhaus erhalten. Der Anrufende hatte ja mindestens einen Grund der zum Anruf führte. Dieser Grund führt Sie direkt an die Stelle, an der sich dieser Kontakt im Moment in seinem derzeitigen Verkaufskontinuum befindet. Ist der Kontakt noch nicht Ihre Kundschaft und ihre Daten sind noch nicht im Datenwarenhaus hinterlegt, dann sollten Sie diese erfahren. Die Anrufenden werden diese an Sie weiter geben, wenn sie wissen, Sie nutzen diese Daten um diese weiterhin zu betreuen!

Vergessen Sie nie, auch wenn dieser Kunde im Moment noch ein Produkt hat, dessen Verkaufskontinuum noch eine Weile läuft, es kommt der Tag der Veränderung. Welche Möglichkeiten es gibt, damit ein privater Noch-Nicht-Kontakt dazu kommt Sie anzurufen behandele ich im Band 3 „Nach dem Kauf, ist vor dem Kauf" ausführlich. Bei der Besprechung genau dieser Thematik habe ich viele junge Verkäufer kennen gelernt, welche mir erzählen, mit dem Akquirieren klappt es schon ganz gut. Danach aber im folgenden Gespräch einen Abschluss schafften sie nicht, manchmal nicht einmal einen Termin. Dann frage ich diese: „Wissen Sie denn wo sich Ihre Kontakte im derzeitigen Kontinuum, gerade jetzt befinden?" Meistens werde ich dann verdutzt angesehen, denn es ist der jungen Verkäuferschaft gar nicht klar, diese Kontakte befinden sich irgendwo im Kontinuum, aber nicht an dessen Ende.

Dieser Verkäuferschaft fehlte eine Schulung um Verständnis über das Verkaufskontinuum zu erlangen. Stattdessen wurde ihnen leider Schulungen verkauft in denen es nur um den Verkaufsabschluss ging und darum, Termine auf Druck zu produzieren. Hier einmal ein Beispiel wie ein Telefonat <u>NICHT</u> stattfinden sollte:

*Telefonist: „Sie haben sicherlich aus Presse, Funk und Fernsehen erfahren unser neues Modell „xy" ist auf dem Markt erschienen!"*

*Kontakt:*

*„Wir sind im Moment, mit unseren Modellen bestens versorgt, es besteht kein Bedarf".*

*Telefonist: „Ihren Bedarf würde ich gerne kennen lernen. Wann können wir darüber reden? Am Dienstag?"*

Wenn ich der Kontakt wäre, hätte ich dem Telefonist gesagt: Sie sollten den Dienstag dazu nutzen und einen Ohrenarzt besuchen."

Was wurde falsch gemacht? Klipp und klar sagte der Kontakt, im Moment besteht kein Bedarf für Modell „xy". Jetzt erinnern Sie sich bitte an die Gesetzmäßigkeit der 7 Antworten, da der Kontakt ja selber den Zeitfaktor ins Spiel brachte, (Er sagte „im Moment") wissen wir also, der Kontakt befindet sich in seinem derzeitigen Verkaufskontinuum noch in der Produktnutzenphase. Er ist noch nicht kaufbereit! Jetzt eine Terminabsprache zu erwirken führt nicht zum Erfolg. Vielmehr sollten Sie diesen Kontakt durch sein derzeitiges Verkaufskontinuum begleiten.

Wenn Sie gesteuert äußere Einflüsse auf diesen Kontakt einwirken lassen, erzeugen diese Impulse. Dann werden diese ihn in Bewegung setzen. Wenn Sie diese Steuerungsmechanismen verstehen, sind Sie der Begleiter solange bis dieser Kontakt kaufbereit wird.

Nun wieder zurück zur Telefonakquise bei gewerblicher Kundschaft. Zuerst sollten Sie überlegen wer von diesen für Sie in Frage kommt. Selektieren Sie potentielle Kundschaft! Erstellen Sie bereits jetzt das Datenwarenhaus für diese Kundschaft. Daraus ergeben sich verschiedene Ansatzpunkte bei der Akquise. Ein Ansatzpunkt ist die Kundenselektion nach Handelswegen. 2 davon möchte ich einmal ansprechen.

Der 1. Handelsweg ist, Ihre Kundschaft verkauft Ihr Produkt seinerseits weiter. Hierbei wird es sein, es wird bearbeitet vor dem Weiterverkauf, oder sie führt einen anderen Service durch. Ihre Kundschaft benutzt Ihr Produkt also nicht für sich selber.

Der 2. Handelsweg ist, die Kundschaft benutzt Ihr Produkt um dadurch sein Gewerbe leichter oder überhaupt erst verrichten zu können.

Je nach dem, welcher Handelswegen eingeschlagen wird, können Sie sich auf ein Gespräch vorbereiten. Die Kundschaft welcher nur die Bearbeitung durchführt bekommt andere Informationen, als die, welche Ihr Produkt selber nutzt. Darauf sollten Sie abzielen wenn Sie jemanden anrufen, um von ihr die grundlegenden Informationen für das Datenwarenhaus zu erhalten. Wie können Sie aber solch ein Telefonat gestaltet, damit Sie genau jene grundlegenden Informationen erhalten?

Im Folgenden stelle ich Ihnen einen Telefonleitfaden vor! Sie müssen diesen an Ihre Gegebenheiten, Produkte oder Dienstleistungen anpassen. Hauchen Sie diesem Leitfaden Leben ein. Als Ziel dieses Telefonates muss stehen die grundlegenden Informationen für das Datenwarenhaus zu vervollständigen, damit Sie später wieder Kontakt aufnehmen können.

Bitte bedenken Sie, Kontaktgespräche sollten nicht nur auf telefonischer Ebene bleiben. Versuchen Sie den Kontakt auf eine Terminvereinbarung zu einem persönlichen Treffen vorzubereiten. Dieses Treffen sollte dann während der Informationsphase stattfinden. Zu Recht fragen Sie nun, wann sind denn die Kontakte in der Informationsphase angekommen? Fragen Sie! Vor allem aber, hören Sie zu! Die Kontakte denen Sie gezielt Fragen zu Ihrem Produkt stellen, lassen sich die Frage nach dem Zustand ihres „Derzeitige" gefallen. Sie werden Ihnen eine Antwort darauf geben. Sie können dann leicht feststellen, wo sich die Kontakte momentan in seinem derzeitigen Verkaufskontinuum befinden.

Bitte überlegen Sie darum, bevor Sie den Hörer in die Hand nehmen, wie wird das Gespräch ablaufen? Verinnerlichen Sie sich folgenden Telefonleitfaden. An dieser Stelle kann ich Ihnen nur diesen Baustein geben. Bearbeiten müssen Sie diesen selber. Dann aber hat es Vorteile wenn Sie Ihrem Leitfaden immer wieder folgen.

Hier finden Sie einen Entwurf eines solchen Leitfadens zur telefonischen Kaltakquise von Firmenkunden!

*Guten Tag, mein Name ist Herr / Frau*
_____ *von* _____
*in_____.*

1. *Sind Sie der Ansprechpartner für den Einkauf in Ihrem Unternehmen?*

1a.*NEIN Können Sie mir bitte Name und Durchwahl geben? Name:_____ Tel.Nr:_____ oder können Sie mich verbinden? Vielen Dank, auf Wiedersehen !*

1b. *JA*

*Ihr Name ist?*

2. *Ziel meines Anrufes ist es, Ihr Interesse an Produkten unseres Hauses in Erfahrung zu bringen. Haben Sie etwa 2 Minuten Zeit?*

2a.*NEIN*

*Wann darf ich Sie noch mal anrufen?*

2b. *JA*

3. *Wie viele Produkte umfasst ihr derzeitiges Portfolio? Welche Marken und Modelle haben Sie derzeit in Ihrem Unternehmen?*

4. *Wann beabsichtigen Sie diesbezügliche Veränderungen vorzunehmen?*

4a. *Antwort mit zeitfernem Termin.*

*Dürfen wir zu diesem Zeitpunkt auf Sie zukommen und Ihnen Produkte aus unserem Hause vorstellen?*

4b. *Antwort mit zeitnahem Termin*

*Wir haben für Sie z.B. hochinteressante Konditionen. Wäre es für Sie interessant, hierzu mehr zu erfahren?*

*5) Wann darf unser Verkäufer Herr / Frau*

_____

*Sie dazu anrufen, um sich mit Ihnen über den für Sie notwendigen Bedarf zu unterhalten?*

*Vielen Dank, dass Sie sich Zeit genommen haben. Auf Wiederhören.*

In dieser Art sollte Ihr Telefonleitfaden aussehen. Bedenken Sie, der Verantwortliche der gerade Zeit für Sie hatte, musste Ihnen kein Nein geben. Dieses Telefonat war somit nicht zwingend negativ. Sollte es doch ein Nein geben, ist dieses nicht auf Sie persönlich bezogen sondern auf die jeweilige Situation. Im Fall 2a hat er gerade ein anderes wichtiges Gespräch oder dergleichen.

Mit diesem Leitfaden haben Sie ein positives Gespräch geführt. Je öfter Sie diesen Leitfaden anwenden, werden Sie immer sicherer und Sie werden erstaunt sein wie oft Sie einen konkreten Termin für ein weiteres Gespräch bekommen. Hinterlegen Sie diese Informationen im Datenwarenhaus! Außerdem haben Sie weitere Informationen zum Unternehmen Ihres Kontaktes erhalten. Sie haben möglicherweise auch schon mit einem weiteren Mitarbeiter gesprochen. Auch diesem sind Sie durch Ihre Vorstellung nun bekannt. Dieses ist der „Türöffner" für spätere Gespräche. Wirklich wichtig bei jeder Akquise ist es, wie auch im ganzen Leben, dem Gesprächspartner richtig zu zuhören! Aber genau dieses wurde im ersten Beispiel eines Telefonates nicht gemacht.

Im erwähnten fehlgelaufenen Telefonat wurde nur auf Termin Druck gemacht. Die Konsequenz wäre, Sie würden den einen oder anderen Kontakt vielleicht sogar zu einem Termin drängeln, keine Frage wird dieses gelingen oder aus Mitleid würden sich Kontakte darauf einlassen am Dienstag mit Ihnen zu treffen. Aber diese werden nicht kaufen! Sie werden sich nicht einmal die Zeit nehmen, sich wirklich mit ihrem Produkt zu beschäftigen. Wenn Sie Pech haben, werden Sie unnütz zu diesem Termin fahren, und vor verschlossener Tür stehen. Da der Kontakt überhaupt nicht mehr an Sie denken wird. Sie sind in seiner gering bemessenen Zeit nur ein Störfaktor, den man am besten vergisst, weil es andere wichtigere Dinge im Moment gibt.

Es kann sogar darauf hinauslaufen, wenn Sie nichts verstanden haben und einen weiteren Termin vereinbaren wollen, nicht nur auf Granit stoßen sondern sich ein ungute Gefühl beim Kontakt, Ihnen gegenüber, im Kundengedächtnis verfestigt. Sie werden keine Termine bei diesen Kontakten mehr erhalten! Genau wie der junge Verkäufer es beschrieb.

Vergleichen Sie dazu unser Mustertelefonat. Die Kontakte die sich an einem frühen Zeitpunkt in ihrem derzeitigen Verkaufskontinuum befinden, werden Ihnen bei welchem der oben vorgestellten Telefonate wohl wieder eine Chance geben? Darum analysieren Sie immer, wo befinden sich die Kontakte momentan in ihrem derzeitigen Verkaufskontinuum?

# Gehen Sie klingeln!

Dieses ist die ursprünglichste Methode zur Neukundenbeschaffung und wird allgemein mit Kaltakquise gleichgesetzt. Das „klingeln gehen" ist eine der Methoden welche mit einem inneren Verständnis in der Sache an sich betrachtet werden muss. Sicherlich wird diese Methode von vielen Verkäufern nicht gerne durchgeführt. Zum einen es steht nicht die direkte und sofortige Unterschriftseinholung im Vordergrund. Es ist harte, zielstrebige akquisitorische Arbeit. Diese Arbeit ist eine Investition in die Zukunft.

Unbestritten gibt es Produkte welche unabdingbar mit dem „klingeln gehen" verbunden sind. Nehmen wir ein Beispiel: die Baubranche, dort ist es normal, bei einem sichtbar defekten Dach werden Sie den Hauseigentümer ansprechen. Sie sehen ja den Bedarf. Auch können Sie schon einmal die Vermutung anstellen, dieser Hausbesitzer befindet sich mit seinem Dach am Ende des derzeitigen Kontinuums.

Ich habe selber viele Jahre in dieser Branche gearbeitet und sehr erfolgreich genau diesen Weg verfolgt. Genau aus diesem Grund kann ich so genau davon sprechen und meine Erfahrung an Sie weiter geben. Deshalb bitte ich Sie einmal, versetzen Sie sich in die folgende Situation. Sie stehen als Akquisiteur vor der Tür des Kunden. Jetzt drücken Sie den Klingelknopf, der gibt ein Klingeln oder was auch immer im Inneren des Hauses von sich um Ihr Stehen vor der Tür anzukündigen. Jetzt müssen Sie sich bewusst sein, der Mensch der da auf der anderen Seite der Tür gleich erscheint, der weis von seinem Glück (Ihrem vor dem Tür stehen) noch nichts.

Bis zu diesem Moment, bevor Sie klingelten, hat die Kundschaft irgendetwas gemacht. Es wurde bis zu diesem Moment irgendeine Tätigkeit ausgeübt. Nicht immer hat sie Sinn und Verstand. Aber doch fast immer. Einmal bin ich selber in ein Trinkgelage geraten. Nur mit Mühe konnte ich mich davor retten. Denn die Burschen dachten ich wollte nur ihren Schnaps nicht. In dieser Situation schwer vermittelbar, mein Erscheinen ist meine Arbeit und damit verbunden weiteres Auto fahren. Aber ich landete auch schon mal an einer Kaffeetafel und ganz nebenbei wurde auch etwas gekauft. Nun so spielen die Zufälle. Die Regel sieht aber häufig anders aus. Darum bedenken Sie, wer klingeln geht, der muss wissen, die Menschen bei denen Sie klingeln unterbrechen Sie bei irgendetwas.

Niemand macht nichts!

Natürlich kann es sein, Sie erlösen einen Menschen gerade von einer unangenehmen Beschäftigung. Nun dann können Sie sich als Akquisiteurschaft freuen und sollten die Gelegenheit nutzen. Aber viel häufiger oder fast immer macht der Mensch, auf der anderen Seite der Tür etwas voller Sinn. Sehr häufig unterbrechen Sie eine Tätigkeit die dieser Mensch gerne ausübt. Er geniest seine Freizeit, um sich vom Stress der Arbeit zu regenerieren. Natürlich sehr verständlich, wenn unser potentieller Kunde zu hause ist.

Die Kundschaft wird ihre Freizeit nach eigenen Wünschen gestalten. Bei dieser Beschäftigung werden Sie diese stören. Anderseits wollen Sie doch auch genau solche Kontakte, die einer Arbeit nachgehen. Sie wollen kaufkräftige Kundschaft akquirieren die für ihren Lebensunterhalt sorgt. Nur diese sind in der Lage Ihr Produkt auch zu bezahlen.

Ich möchte hier noch einmal betonen, Sie stören diese Menschen zwar, aber wenn Ihr Erscheinen im Verständnis der Anderen liegt, werden sie sich Ihnen widmen. Darum ist es beim Klingeln gehen wichtig zu verstehen, Sie werden nicht gleich zu einer Powerpräsentation kommen, oder mit einem Auftrag wieder gehen können. Nein, Sie sollten in erster Linie diese Situation nutzen um mit diesen Menschen ins Gespräch zu kommen. Sollten Sie diese bei einer ganz wichtigen Tätigkeit gestört haben, dann entschuldigen Sie sich und bitten darum später wieder zu kommen.

Wie sprechen Sie denn nun solche, Ihnen als Akquisiteurschaft völlig fremde Menschen an, damit sie nicht gleich die Tür vor Ihrer Nase zuschlagen? Eines ist klar, selbstverständlich stellen Sie sich vor mit Name und Firma. Und sagen Sie doch, Sie sind der „Arbeitsbeschaffer" dieser Firma. Fragen Sie doch nach den Bedürfnissen dieser Menschen. Wenn Sie in der Baubranche tätig sind, sagen Sie es ihnen und fragen Sie diese ob sie denn irgendetwas an ihrem Haus hat, was sie verbessert haben möchten. Oder ganz raffiniert gefragt: Was muss ich können, damit Sie mir einen Auftrag erteilen?"

Irgendetwas wird sie sagen. Sie wird Ihnen sagen: „Sie müssten dieses oder jenes machen". Schön für Sie wenn Sie es ihm dann anbieten können.

Wenn sie aber verneint, dann erinnern Sie sich an das „Gesetz der Kundenantworten". Sie werden dann Ihr Datenwarenhaus mit dieser Info füllen, möglicherweise einen Termin vereinbaren, sich verabschieden und gehen.

Natürlich kann sich ein Gespräch auch ganz anders entwickeln, aber ein guter Akquisiteur ist darauf gefasst. Seien Sie einfach darauf vorbereitet in dem Sie sich mental darauf einstellen eine ungewöhnliche Situation anzutreffen. Je mehr Erfahrung Sie haben, werden Sie jede Situation meistern können. Aber immer ist es wichtig, Sie notieren sich die Informationen in Ihrem Datenwarenhaus. Auch eine unangenehme Situation! Ebenso notieren Sie sich, sollten Sie niemanden antreffen.

Dann sollten Sie einige Tage später, wieder vorsprechen falls jemand gerade bei der Erstkontaktierung keine Zeit hatte, oder nicht da war. Es lässt sich ganz gewiss damit verbinden dort in der Nähe nochmals vorzusprechen. Auf Ihrer Tour werden Sie es sicherlich auch erleben, nach dem Drücken des Klingelknopfes und dem folgenden Ertönen eines Signals, geschieht nichts. Es ist eben gerade in diesem Moment niemand zu hause. Auch diese Information gehört in Ihr Datenwarenhaus. Notieren Sie die Zeit Ihres Klingelns. Bei Ihrer nächsten Tour versuchen Sie es unbedingt dort noch einmal.

Sie erkennen aus diesen Worten „klingeln gehen" ist eine mühevolle Arbeit und muss gewissenhaft betrieben werden.

Legen Sie Ihre 1. Tour fest! Ihr Produkt ist für jeden Hausbesitzer geeignet? Sie können mit einem Blick feststellen ob der Hausbesitzer schon im Besitz dieses Produktes ist? Dann legen Sie los. Beginnen Sie damit in der X-Str. die Nr.1 aufzusuchen. Danach Haus Nr. 2 dann Nr.3 etc. Arbeiten Sie jedes Haus gewissenhaft ab. Erstellen Sie dazu jeweils ein separates Datenblatt.

Dann ran an den Klingelknopf. Draufgedrückt und herzklopfend abwarten wer denn nun öffnet.

In den Abschnitten, welche die Akquisitionsvorbereitungen beschrieben, lesen Sie wie Sie nun diesem Kontakt gegenüber mit ersten Worten Vertrauen vermitteln können. Erfragen Sie, wo sich die Kontakte in ihrem derzeitigen Kontinuum befinden. Danach werten Sie aus, welcher Art Ihrer Weiterbetreuung gewählt wird.

In den allermeisten Fällen befinden sich die Kontakte noch nicht in der Informationsphase für ein neues Produkt. Darum betreuen Sie diese Kontakte weiter und geben ihnen Impulse zur Beschleunigung um sie gezielt in ein nächstes Kontinuum zu steuern.

Darum bedenken Sie:

**Der Lohn des Fleißigen ist der Erfolg.**

# **Marktschreien**

Nun, diese Bezeichnung klingt etwas brachial, ist aber im Grunde auch genau dieses. Denn auch hier gilt, wenn Sie die Kunden nicht ansprechen, dann werden sie weitergehen. Nur sehr wenige werden sich trauen den Verkäufer anzusprechen. Glauben Sie mir viele unsere Verkäufer sind nicht bereit auf die Leute da draußen zu zugehen und vergeben sich die Chance, dadurch neue Kontakte zu gewinnen. Eine Methode ist es mit Ihrem Produkt dorthin zu gehen, wo die Leute sowie zum Einkaufen sind. Es ist eine Tatsache, Leute welche zum Einkaufen fahren sind in Kauflaune. Wer sowieso etwas kaufen möchte, kann auch dieses oder jenes zusätzlich kaufen. Nun sind nicht alle Produkte so beschaffen, damit sie überall hin mitgenommen werden können. Oder von irgendwo gekauft werden, weil gerade dort ein Verkäufer steht. Auch kann ein Luxusartikel (Auto, Immobilie) sicherlich nicht immer gleich in der Einkaufspassage verkauft werden, aber es kann sein, sie finden einen Interessenten, der sich über Ihr Produkt informieren möchte. Genau dieses Ziel verfolgt dieser Akquisitionsweg.

Sprechen Sie diese Interessenten an und fragen Sie wo diese glaubt, sich im Kontinuum zu befinden. Sammeln Sie Informationen darüber. Sie werden Ihnen entsprechend dem „Gesetz der Kundenantworten" eine Information geben! Wenn es ein JA ist, dann machen Sie einen Verkaufstermin jetzt und gleich.

Andernfalls nutzen Sie die Gelegenheit um Informationen für Ihr Datenwarenhaus zu sammeln.

Was benötigen Sie für Ihr Datenwarenhaus? Selbstverständlich die grundlegenden Informationen. Diese Informationen bestehen, wie im Band 1 detailliert beschrieben, aus folgenden 3 Bausteinen.

Der erste Baustein besteht aus: Name und Vorname.

Der zweite besteht aus: Postanschrift und e-mail-adresse oder Website

Der dritte besteht aus: Telefonnummer, Handynummer, skype etc.

Wie erhalten Sie diese grundlegenden Informationen?

Ein sehr guter Weg ist aus meiner Sicht: der zu Ende gegangene Prospektstapel.

Sagen Sie doch zu den Kontakten, Sie haben bei Ihrer heutigen Aktion nicht mit soviel Nachfrage gerechnet, es sind leider keine Kataloge mehr da. Darum würden Sie den Kontakten Unterlagen zusenden. Sagen Sie ihnen, sie könnten sich dann in aller Ruhe mit dem Produkt beschäftigen. Sie bitten diese nun ganz selbstverständlich um die Adresse. Wenn Sie es weiter geschickt anstellen, fragen Sie auch noch nach der Telefonnummer. So sammeln Sie Informationen für Ihr Datenwarenhaus. Hierzu reicht ein einfacher Block. Dort können Sie die erhaltene Adresse und Telefonnummer notieren. Vergessen Sie nicht, sich mit einem „Auf Wiedersehen" zu verabschieden.

Dieses auch ausdrücklich, die Kontakte wissen nun, Sie werden sie fortan betreuen. Selbstverständlich senden Sie den Interessenten diese Informationsmaterialien per Post oder auf dem angegebenen Weg zu. Machen Sie es wirklich!

Enttäuschen Sie die Interessenten nicht. Denn versetzen Sie sich einmal in ihre Lage!

Nehmen wir einmal an, Sie gehen mit Ihrem Partner zum Wochenendeinkauf und dort steht jemand der die modernste Wäschetrocknertechnik anbietet. Sie bleiben stehen!!! Sie werden mit dem Verkäufer ins Gespräch kommen? Wenn er gut ist. Sie werden Ihm Ihre Adresse + Telefonnummer geben? Ja, wenn er wirklich gut ist. Sie haben dann ein schlechtes Gefühl, wenn Sie keine Information erhalten werden.

Also schicken Sie die versprochenen Kataloge an die Interessenten. Am besten noch am gleichen Tag. Dann rufen Sie wenige Tage später, vielleicht nach dem Wochenende an und fragen ob die Kataloge angekommen sind? Fragen Sie weiter, wie diese gefallen haben? Stellen Sie die Frage: „Welcher Artikel oder was im Katalog am besten gefallen hat." Na und dann fragen Sie doch einfach wann Sie sich persönlich bezüglich einer Bestellung treffen können. Die Kundschaft wird Ihnen etwas sagen! Versprochen! Wenn Sie diese gut vorbereitet haben werden sie sagen dann und dann treffen wir uns! Oder sie werden eine andere Antwort geben. Hierrüber haben Sie ja schon im „Gesetz der Kundenantworten" etwas gelesen.

Noch einmal zum Marktschreien. Natürlich muss dieses nicht immer nur in Einkaufstempeln stattfinden.

Aber es muss ein Standort sein an dem Leute sind, welche sich für dieses Produkt auch interessiert. Hierbei habe ich von einem guten Verkäufer erfahren, er nutzt Volksfeste um sich zu präsentieren. Natürlich gibt es für bestimmte Produkte tatsächliche Märkte.

Nutzen Sie alle Gelegenheiten welche sich ergeben. Wichtig ist immer eines, dort zu sein wo die Kundschaft ist. Dann die Kundschaft ins Gesicht geschaut und angesprochen. Ein netter Spruch, oder auch fesch, wie es auf dem Markt üblich ist. Haben Sie keine Scheu! Es muss nicht so extrem wie auf dem Fischmarkt zugehen, aber sprechen SIE die Kundschaft mit einem Spruch an. Lustig fand ich den Spruch eines Akquisiteurs: „Darf ich Ihnen ein Ohr abkauen?" dabei grinste er, kam aber sofort mit der Bemerkung „nein, nein ich bin kein Menschenfresser, ich will doch nur Ihr Bestes, Ihr Geld. Sie bekommen dafür auch die beste Ware." Jeder der Angesprochenen sprach mit ihm. Jeder ließ sich von ihm, im übertragenen Sinn ein Ohr abkauen.

Ein anderer Akquisiteur versprach, nur für heute kostenloses Probesitzen. Die Kunden nahmen es an und er hatte schon die erste Frage nach dem Befinden. Ob dieses Sitzen angenehm ist usw. tausend weitere Ansprachen gibt es, welche passen. Natürlich kommt es bei den Sprüchen auf den Typ des Akquisiteurs und auf die, der Kundschaft an. Nicht immer passen alle Sprüche. Hier spielt der Sympathiefaktor Kundschaft/Akquisiteurschaft eine Rolle.

Bei all diesen Akquisen werden Sie noch einen weitern Aspekt kennen lernen. Sie werden bekannt. Sie werden von Leuten erkannt. Ihnen begegnen Leute welche Sie schon einmal auf den ersten Blick oder beim Klingeln kennen gelernt haben. Jetzt werden Sie feststellen ob diese Kontakte noch an ihrem Produkt interessiert sind. Wenn ja dann sprechen Sie diese Leute doch darauf an. Fragen Sie genauer, indem Sie ein kleines Gespräch aufkommen lassen.

# Webpräsentation

In der Zeit wachsender Bedeutung von virtuellen Verkaufsplätzen ist es auch möglich ein Marktschreien dort durch zu führen. Zu den absoluten Basics zählt, zu allererst eine aussagefähige Internetpräsentation. Ich erwähnte es schon in einem früheren Abschnitt, ein Kontakt den Sie z. B. telefonisch akquirieren, kann sich gleichzeitig über Sie im Internet informiert. Es ist dank des schnellen Datenflusses überhaupt gar kein Problem mehr. Er akquiriert Sie, in der Zeit in der Sie diesen Kontakt akquirieren! Wenn Sie als potentielle Geschäftspartner eine aussagefähige Webpräsentation besitzen, die diesen Kontakt auch noch neugierig macht, dann ist ihre Arbeit, lieber Akquisiteur, die Kontaktdaten für das Datenwarenhaus zu sammeln, schon zu einem großen Teil erledigt. Wenn Sie schon eine solche Plattform für Ihr Unternehmen besitzen, bauen Sie diese aus. Der Interessent muss die Möglichkeit haben seine grundlegenden Daten durch ein Kontaktformular hinterlassen zu können. Nur dann wenn Sie alle grundlegenden Informationen für Ihr Datenwarenhaus besitzen, können Sie mit dem Kontakt kommunizieren.

Es lassen sich viele Anknüpfungspunkte finden um Ihren Internetauftritt zu einem Marktplatz werden zu lassen. Ich möchte an dieser Stelle zum Beispiel erwähnen, die Möglichkeiten des Internet TV zu nutzen. Sie haben einen Sender der auch über das Internet TV-Streams sendet? Dann lassen Sie sich doch einen Stream erstellen! Damit meine ich einen kleinen Werbefilm der etwas länger als nur zig Sekunden ist. Darin präsentieren Sie sich genau so, wie sonst als „Marktschreier"!

Verknüpfen Sie diesen Stream mit einem Popup, der sich öffnet sobald jemand diesen Stream zu ende angeschaut hat. Einen interessanten Popup können Sie gestallten wenn sie den Zuschauer dazu auffordern sich weiteres Info-Material, zu dem im Stream präsentierten Produkt zu senden zulassen. Damit Sie diese Unterlagen per Post versenden können, benötigen sie die Kundendaten. Also genau die grundlegenden Daten für Ihr Datenwarenhaus. Echte Interessenten werden darauf eingehen! Ähnliche Popups lassen sich schalten, wenn jemand auf Ihrem Internetauftritt so und so lange verweilt, weil Sie dort ein interessantes Angebot präsentieren. Es ist unumgänglich, Ihre Webpräsentation muss gefunden werden. Die Eintragung in relevanten Suchverzeichnissen müssen Sie realisieren, damit die Homepage auch entsprechend gefunden wird. Suchmaschinen oder Suchverzeichnisse sollten dazu ständig neu bearbeitet werden. Erinnern möchte ich nochmals daran, Sie sollten sich selber auch privat finden lassen. Das nur am Rande als Selbstverständlichkeit angenommen. Verknüpfen Sie Ihren Namen mit Ihrem Unternehmen und den präsentierten Produkten.

Aber nicht nur auf der eigenen Homepage ist es interessant sich zu präsentieren, auch in Verkaufsplattformen. Viele von ihnen haben die Möglichkeit, dort eine eigene einseitige Präsentation zu platzieren.

So ist es vorrangig Ziel möglichst interessante Geschäftskontakte zu akquiriert. Bedenken Sie, immer mehr Menschen haben nach ihrem stressigen Job wenig Zeit. Zeit ist für diese Interessenten ein sehr kostbares Gut.

Verspüren diese Interessenten den Bedarf ihr bisheriges Produkt erneuern zu wollen, werden sie sich informieren. Folglich, sollten Sie sich fragen: Wo befindet sich dieser Interessent in seinem derzeitigen Kontinuum?" Dieser befindet sich in der Informationsphase des neuen Kontinuums. Sie benötigen nur noch wenige Impulse bis aus einem Interessenten ein kaufbereiter Kunde wird. Steuern Sie diese Kontakte durch gezielte Impulse in die Verkaufsphase. Hieraus lässt sich schon erkennen, eine Webpräsentation kann nicht von irgendeinem Mitarbeiter erstellt werden. In etwa so nebenbei.

Kontakte, welche Sie auf diesem Wege akquirieren, müssen Sie nachbetreuen. Sobald Sie dieses Akquise erhalten, setzen Sie sich mit dem Interessenten in Verbindung. Es besteht eine sehr hohe Wahrscheinlichkeit, dieser Kontakt ist in der Informationsphase! Es fehlen nur noch wenige Impulse die darüber entscheiden, ob dieser Ihr Kunde oder der des Marktbegleiters wird. Nehmen Sie den Kontakt mit diesem Interessenten auf! Egal über welchen Weg. Der Interessent wird auf dem Kontaktformular dazu seine Wünsche abgegeben haben! Schreiben Sie eine mail, telefonieren Sie oder besuchen Sie ihn. Der Interessent ist nicht mehr kalt. Wenn Sie jetzt anrufen um einen Termin bei ihm zu vereinbaren, brauchen Sie keine Angst vor einem Nein zu haben.

# Socialen Sie schon

Diese Methode ist für sehr aufgeschlossene und informative Akquisiteure eine unheimlich gute Möglichkeit sich zusätzliche Adressen zu besorgen. Der Gedanke geht davon aus, jeder Mensch kommt tagtäglich mit unheimlich vielen anderen Menschen in Kontakt. Warum auch immer, was auch immer der Grund sein mag, ist auch vollkommen egal. Wenn Sie mit irgendeinem Menschen in ein Gespräch gekommen sind, brauchen Sie nur noch feststellen ob dieser Mensch Ihr Produkt gebrauchen kann.

Sagen sie diesem ob beiläufig oder ganz gezielt, Sie sind Akquisiteur für dieses und jenes Produkt. Dann wird er wahrscheinlich nach ihrer Visitenkarte fragen. Natürlich geben Sie ihm diese, aber nur im Tausch gegen seine. Oder fragen Sie Ihn ob Sie wenigstens seine Adresse bekommen könnten. Wann und wo könnte solch ein Gespräch stattfinden? Überall und immer! Aber achten Sie darauf, dieser Kartentausch darf nicht zu aufdringlich sein.

In letzter Zeit habe ich von Veranstaltungen gehört, auf denen sich Leute nur zum Zwecke treffen ihre Visitenkarten zu tauschen. Natürlich, dort lernen Sie potenzielle Kunden kennen. Denn die Leute die dort hingehen sind für alles offen, wollen Neues und bisher nicht beachtetes kennen lernen. Bitte beachten Sie, akquirieren Sie täglich, stündlich ja minütlich, denn jeder Mensch der Ihnen begegnet könnte Ihr nächster Kontakt sein. Diese neuen Kontakte werden Ihnen sagen: "Ja ich kann mir vorstellen, Ihr Produkt zukünftig zu nutzen."

Schon haben Sie eine weitere Adresse und einige Informationen welche sie zu ihrem Datenwarenhaus hinzufügen können. Aber auch bei jeder anderen Gelegenheit werden Ihnen in Ihrer Freizeit ständig Leute begegnen, welche möglicherweise an Ihrem Produkt Interesse haben könnten. Sprechen Sie diese an und lassen Sie diese wissen, Sie sind Akquisiteur für dieses oder jenes Produkt oder Dienstleistung.

Ein Bekannter von mir, der Versicherungsvertreter ist, erzählt allen was er macht und momentan führt er für diese Leute kostenlos einen Finanzscheck durch. Jeder dieser Leute, denen er davon erzählt, sagt ihm irgendetwas. Ja genau, eine der Antworten laut dem Gesetz der Kundenantworten. Diese Antwort ist sein Aufhänger. Auch wenn er nicht gleich die volle Adresse der Kunden erhält, es genügt oft schon wenig mehr als nur der Name und schon hat er etwas damit er sein Kundendatenwarenhaus eröffnen kann. Zu einem weiteren gegeben Zeitpunkt ergibt sich eine weitere Information z. B. ein Nachbar oder ein Bekannter oder, oder, oder. Es wird jemand da sein, der ihm weitere Informationen zu dieser Person gibt. Aber natürlich wird er diesen Kontakt bei der nächsten Veranstaltung erneut ansprechen. Spätestens bei der 3. Veranstaltung weis er wo der Kontakt in seinem derzeitigen Kontinuum steht. Sollte sich dieses dem Ende zuneigen, bekommt er alle wichtigen Informationen. Schon kann er dem Kontakt Informationen senden. Der Kontakt wird interessiert gemacht für jenen kostenlosen Check.

Spätestens nachdem diesem absolviert wurde, kann der jetzt zum Kunden gewordene mit einem neuen Produkt versorgt oder weiterhin mit seinen jetzigen betreut werden.

Die Arbeit des Akquisiteurs ist an dieser Stelle vorerst erledigt. Jetzt ist der Kundenbetreuer für diesen Kunden zuständig! Zu seinem Aufgabenprofil lesen Sie im Band 3 „Nach dem Kauf ist vor dem Kauf" viele weitere Informationen.

An dieser Stelle möchte ich Ihnen von weiteren Akquisitionserlebnissen berichten, die ich aus Berichten anderer Akquisiteure zusammenstellte. Ein erster Bericht:

*Nach einem Vormittag im Büro, ging es zur Mittagszeit für eine Stunde in den nahegelegenen Wald. Zu dieser Zeit sind meist nur Rehe und Vögel unterwegs, der Vorteil ist die Ruhe und dadurch etwas den Kopf wieder frei zu bekommen.*

*An einem dieser so schönen frühsommerlichen Tage kam mir ein älteres Ehepaar entgegen. Die beiden schienen etwas verzweifelt! Sie waren in unserem sehenswerten Städtchen und hatten die Orientierung verloren. Sie fragten mich dann höflich, ob ich auch Urlaub hätte. Darauf erzählte ich kurz von meiner Tätigkeit und erklärte den Weg. Zur Sicherheit gegen weiteres Verirren, gab ich Ihnen eine Visitenkarte. Für mich war diese Begegnung erledigt und ich bin weitergetrabt. ER hatte die ganze Zeit keinen Ton gesagt. Wenig später, ich dachte gar nicht mehr an diese Begebenheit, bekomme ich einen Anruf von genau diesem Herrn. Er erinnerte mich an jenes Treffen im Wald und stellte sich als Senior-Geschäftsführer eines mittelständigen Unternehmens vor. Durch hausinterne Strukturveränderungen benötigt die Firma neue Handelspartner, über einen Gesprächstermin würde er sich freuen!*

Von einer erfolgreichen Akquisitorin hier noch ein anderes Akquisitionserlebnis:

*Mich hatte auf einer Düsseldorfer Messe, auf der Damentoilette mal eine Frau um einen Notizzettel gebeten. (Ist ja auch manchmal wie verhext, wenn man einen Zettel braucht, hat man gerade keinen.) Ich hatte nur einen Flyer dabei, den sie dann als Notizzettel verwurstet hat. Nach der Messe kriegte ich eine Mail von Ihrem Chef, ob ich ihm ein Angebot erstellen könne.*

Noch ein weiteres Akquisitionserlebnis eines anderen Akquisiteurs:

*In einem sozialen Netzwerk surfte ich durch diverse Profile meiner „Freunde"! Dabei fand ich das Profil eines netten Mädels. Dieses schien recht ausgeflippt in ihrer Freizeit zu sein. Also schrieb ich sie an. Da, sie schrieb zurück und wir chatteten dann eine Weile. Unter anderem erwähnte ich meine Aufgabe als Akquisiteur im Unternehmen. Es stellte sich dann heraus, sie ist vergeben! Jedoch, ihr Partner war auch ihr Chef und der war gerade auf der Suche nach einem vergleichbaren Produkt welches auch unser Unternehmen vertrieb. Also schnell Kontakt erstellt und inzwischen sind wir langjährige Geschäftspartner.*

Sie haben vorstehend gelesen, diese Erlebnisse zeigen wie erfolgreich es ist andere Menschen Ad-hoc anzusprechen. Es ist vollkommen irrelevant wo Sie sich befinden. Wie im letzten Akquisitionserlebnis beschrieben, socialen Sie! Sprechen Sie andere Menschen immer an. Verinnerlichen Sie sich, alle diese Personen befinden sich mit ihrem derzeitigen Produkt an einer bestimmten Stelle im derzeitigen Kontinuum.

Früher oder später wird dieses Kontinuum enden. Wäre es nicht schön für Sie, wenn sich dann jene Kontakte an **Sie** erinnert? Es ist zu Ihrem Nutzen, all dieses in den vorstehenden Erlebnissen geschilderte ganz gezielt durch zu führen!

Sie sollten keine Situation vergehen lassen, ohne daraufhin zu weisen, Sie sind Akquisiteurschaft Ihres Unternehmens, und dieses hat tolle Produkte. Socialen Sie bei jeder Gelegenheit.

Sprechen Sie täglich mit einer Anzahl neuer Kontakte über Ihre Tätigkeit!

# Die Servicekundenakquise

Liebe Leserschaft, nachdem in den vorrangegangenen Abschnitten darüber gesprochen wurde, wie Sie für sich und Ihr Unternehmen völlig neue Kunden erfolgreich akquirieren können, beschäftigen wir ins hier mit der Qualifizierung von Kunden, welche schon einmal eine Geschäftsbeziehung zu uns hatten.

Diese Servicekunden besitzen ein Produkt welches sie nicht bei uns gekauft hatten. Aber die Wartung oder einen Service, oder ein Zubehör bei uns erworben hatten. Bei einem solchen Kontakt bedient Ihr Kundenservice selbstverständlich entsprechend den Kundenwünschen. Somit zeigt Ihr Unternehmen dem Kontakt gegenüber Kompetenz und Zuverlässigkeit. Bauen Sie Vertrauen auf und Verbundenheit.

Treten Sie jetzt als Akquisiteurschaft in Erscheinung! Sprechen Sie mit diesem Kontakt. Zeigen Sie diesem auch Ihr Unternehmen kann ihm das Produkt für sein nächstes Kontinuum liefern. Der Kontakt wird darauf reagieren und Ihnen erzählen warum er sein „Derzeitigen" nicht bei Ihnen, sondern bei jemandem anders gekauft hat.

Es sind meistens kleine belanglose Gründe. So wurde mir davon erzählt, Der Kunde hatte gerade Urlaub und darum Zeit und so wurde gekauft. Oder der Kunde hat es im Internet gekauft weil er nicht in ein Geschäft gehen konnte oder, oder, oder. Akzeptieren Sie einfach diese Tatsache! Vermerken Sie diese Information im Datenwarenhaus! In der späteren Verkaufsphase wird diese Information als Argument Anwendung finden.

Kritisieren Sie diesen Kunden nicht wegen der damaligen Kaufentscheidung, denn der Kunde will sich selber immer noch beweisen! Seinem damaligen Entschluss gut und richtig gehandelt haben werden Sie ihm nur schwerlich ausreden. Lassen Sie Ihn bei seiner Meinung. Fragen Sie ihn aber ob er denn dort noch einmal kaufen würde, obwohl er keinen Service bekommt. Sie werden eine Antwort erhalten. Ja Sie wissen schon eine laut dem „Gesetz der Kundenantworten"

Ihre Aufgabe als Akquisiteur ist es festzustellen an welcher Stelle sich der Kunde in seinem derzeitigen Kontinuum befindet und mit welcher Geschwindigkeit er sich darin bewegt.

Diese Information notieren Sie sich im Datenwarenhaus und erstellen sich eine Wiedervorlage. Dieser Kunde ist nicht kalt. Einen weitern Termin mit diesem Kontakt zu vereinbaren ist nicht mehr schwierig.

Angst vor einem Nein brauchen Sie nicht zu haben. Ihre Aufgabe im Moment ist ja nur den Termin für einen Übergang vom „Derzeitigen" zum „Zukünftigen" zu ermitteln. Auf welchem Wege dieser Termin erstellt wird, ist völlig gleichgültig. Wichtig ist nur, Sie müssen für den Kunden immer präsent sein.

# Die Archivkundenakquise

In diesem Abschnitt befassen Sie sich mit der Akquisition von Archivkunden. Zu dieser Kundengruppe zählt die Kundschaft welche irgendwann ein Produkt bei Ihnen oder Ihrem Unternehmen erworben hatte. Unabhängig davon wie lange der Kaufzeitpunkt zurück liegt. Darum ist auch aus dieser Sicht unerheblich ob schon mehr als ein Kontinuum vergangen ist.

Hierbei unterscheiden wir 2 Kundengruppen. Die erste Gruppe ist jene welche Ihr Produkt noch nutzt. Die zweite Gruppe umfasst jene Kunden welche sich anderen Produkten oder Lieferanten zuwandten.

Zuerst einmal zur ersten Gruppe!

Hierbei ist es selbstverständlich, die Kundenbetreuung in Ihrem Unternehmen hat ständigen Kontakt zu dieser Kundschaft. Sicherlich werden die Vielnutzer ihrer Produkte, einen relativ kurzen Zyklus des Kontinuums durchlaufen. Hierbei ist ein häufiger Kontakt mit Ihnen als Akquisiteurschaft selbstverständlich. Darum ist eine andauernde Vervollständigung des Datenwarenhauses schon alleine daraus gegeben.

Die Wenig- oder Seltennutzer Ihrer Produkte durchlaufen nur langsam ihr derzeitiges Kontinuum. Während dieser Zeit kann es aus verschiedenen Gründen zum Abbruch des Geschäftskontaktes kommen. Die Kundschaft unterliegt während der Verweildauer im Kontinuum vielfältigen inneren und äußeren Einflüssen. Diese sind mit Impulsen verbunden welche den Kunden bewegen. Dieser Impuls beschleunigt den Kunden vorwärts oder rückwärts und auch seitwärts.

Hiermit ist gemeint, der Standort der Kundschaft in Bezug auf ein neues Kontinuum bleibt unverändert, jedoch entfernt sie sich von Ihnen. An Ihnen liegt es jetzt, erzeugen Sie durch einen äußeren Einfluss einen Impuls, damit der Kunden sich Ihnen wieder annähert.

Dieses ist hierbei Ihre Aufgabe als Akquisiteurschaft! Auch diese Kundschaft ist nicht mehr kalt. Sie kennt Ihr Unternehmen und Ihre Produkte. Sprechen Sie diese an. Nutzen Sie die bereits erwähnten Möglichkeiten der Kundenkontaktierung. Noch besser kombinieren Sie diese.

Eine Möglichkeit wäre hierbei eine Einladung zu Ihrer nächsten Veranstaltung mittels der 3 Wege: Post, mail, Anruf. Der Vorteil, sie erhalten Resonanz über die Aktualität Ihrer Daten. Sollte der Kunde verzogen sein, bekommen Sie die Post zurück, auch eine ungültige mail-adressen meldet dieses. Abgemeldete Telefonnummern haben vergleichbare Ergebnisse. Sie sehen an dieser Stelle wie wichtig es ist, Ihr Datenwarenhaus mit möglichst vielen Informationen zu füttern. Wie Sie ersehen würde dieses Datenwarenhaus zusammenstürzen weil die fundamentalen Informationen fehlen. Genau wie bei einem echten Haus, wird das Fundament gestört, stürzt das Haus in sich zusammen. Wie eben bei der Kundengruppe der Wenig- oder Seltennutzer, ist auch bei den Kunden, welche inzwischen einen anderen Lieferanten haben, wichtig das Datenwarenhaus aktuell zu halten.

Im Band 1, „Das Verkaufskontinuum" behandelte ich die Thematik der Wirkung von inneren und äußeren Einflüssen.

Natürlich geschieht es immer wieder, Ihre Kundschaft erhält durch diese Einflüsse Impulse welche sie in ein neues Kontinuum steuert, welches außerhalb Ihres Unternehmens liegen kann. Qualifizieren Sie diese Kundschaft für ein neues Kontinuum, dieses Mal wieder bei Ihnen.

Vergessen Sie nicht die im erwähnten Band 1 erwähnte „Teegeschichte"! Dort haben Sie die Wahl zwischen 20 Teesorten. Nur eine wählten Sie. Die Zeit der nächsten Wahl wird mit Gewissheit kommen. So ist es auch bei dieser Kundschaft. Finden Sie sich damit ab. Beim letzten Kontinuum waren Sie nicht erfolgreich. Kämpfen Sie nicht mehr um jenes Kontinuum, sondern bauen Sie der Kundschaft Brücken, damit diese sich in der Möglichkeit sieht, ein zukünftiges Kontinuum wieder mit Ihnen zu bestreiten.

Bei allen diesen Archivkunden brauchen Sie keine Angst vor einer Kaltakquise haben. Sie als Akquisiteurschaft wissen um diese Kundschaft und sie kennt Ihr Unternehmen und Ihre Produkte. Für Sie als Akquisiteurschaft ist es jetzt die Aufgabe den aktuellen Standort der Kundschaft in Ihrem derzeitigen Kontinuum zu ermitteln. Bei der Frage nach dem Wo gibt es kein NEIN.

Ermitteln Sie die durchschnittliche Dauer des Kontinuums Ihrer Produkte. Leiten Sie daraus ab welche Archivkunden Sie demnächst akquirieren!

# Adressenkauf

Unter der Bezeichnung Adressenkauf werden verschiedener Methoden zusammengefasst, um an neue Adressen zu kommen. Diese Adressen werden von einer externen Akquisiteurschaft erworben.

Eine Methode ist der Kauf von Adressen aus dem Bestand eines Adressenhändlers. Dieser ist darauf spezialisiert bestimmte Kundengruppen auf ein unbestimmtes Produkt hin zu akquirieren. Er ermittelt bei Kundschaft, was diese gerne kaufen möchten. Hierbei geht es um Erfragung nach Bedürfnissen dieser Interessenten. Durch diese Befragung erhält der professionelle Adressenhändler eine Vielzahl an Adressen mit den unterschiedlichsten Wünschen. Diese sortiert er vor und bietet diese dann zum Verkauf an. Natürlich ist es so, die Adressen stehen durch Mehrfachverkauf nicht immer nur Ihnen alleine zur Verfügung. Weiterhin kostet diese Adresse Geld. Der Adresshändler wird Sie ihnen nicht kostenlos bereitstellen.

Hier setzt Ihre Arbeit als Akquisiteur an. Setzen Sie sich umgehend mit dem Interessenten in Verbindung. Auch dieser Interessent, wartet auf die Weiterbetreuung des Verlaufes in seinem Kontinuum. An welcher Stelle dieser Interessant aber exakt steht, können Sie nur durch einen direkten Kontakt erfahren. Bedenken Sie, die Kosten durch den Adresskauf schmälern einerseits Ihren unternehmerischen Gewinn aber ohne Frage bekommen Sie andererseits durch diesen Kauf Adressen, welche Sie nur mit Aufwand oder gar nicht selber akquiriert hätten.

Wägen Sie diese Kosten mit Aufwand und Qualität ab. Gerade in Hinsicht auf Qualität kommt es an. Aus eigener Erfahrung weis ich, es werden Adressen angeboten, welche auch schon von Mitbewerbern bearbeitet wurden und im schlimmsten Fall wegen Zahlungsunfähigkeit verworfen wurden. In anderen Fällen haben diese Interessenten bereits gekauft und befinden sich noch am Anfang ihres neuen Kontinuums. Jedoch werden dann diese Interessenten ein Fall für die Servicekundenakquise der Zukunft.

Damit dieses auch gut qualifiziert wird, ist zwingende Voraussetzung, Sie erstellen jetzt ein informatives Datenwarenhaus. Andere Kundschaft ist vom Wettbewerb nicht zufriedenstellend bedient worden und befindet sich immer noch in der Informationsphase ihres zukünftigen Kontinuums. Nutzen Sie diese Chance und leiten alle Informationen an Ihren Verkauf weiter, damit von dort die Leistungsfähigkeit Ihres Unternehmens dieser Kundschaft angeboten wird.

Eine weitere Möglichkeit besteht darin, mit Unternehmen aus ergänzenden Bereichen Kunden abzugleichen. Sie arbeiten zum Beispiel in der Baubranche? Tauschen Sie sich mit befreundeten Handwerkern aus. So der Dachdecker, mit dem Gerüstbauer und dem Fassadenerneuerer. Aber auch fremde Gewerke untereinander können davon profitieren. Darum sollen Sie als Akquisiteurschaft in der Automobilbranche, wenn der Kontaktierte folgendes zu Ihnen sagt: „Wir kaufen jetzt kein Auto, weil wir uns eine Immobilie zulegen wollen" sagen: „Gut darüber gesprochen zu haben, ich habe einen erfolgreichen Kunden, der sehr viel Erfahrung in der Immobilienbranche hat. Diesen werde ich Ihnen, wenn Sie mögen, einmal vorstellen."

Natürlich nur, wenn Sie den auch wirklich kennen. Ansonsten heben Sie sich diese Adresse auf. Sie können jetzt gezielt einen Immobilienmakler suchen. Sollte dieser Interessent zu einem Immobilienkäufer werden, bekommen Sie neben einer Provision noch den Makler als Kontakt. Daraus können Sie weiter Potential schöpfen. Toll wäre es wenn dann auch der umgekehrte Weg klappen würde.

Sie wissen von Kundschaft die sich von Ihrem Unternehmen gut bedient fühlt? Wenn diese glücklich ist, wird sie davon reden. Aber für Sie ist es wichtig, zu erfahren mit wem sie über Ihr Unternehmen gesprochen haben. Versprechen Sie Ihrer Kundschaft für den Fall einer Weiterempfehlung, einen Gutschein oder eine Gratisleistung oder, oder, oder. So haben Sie einen Grund mit der Kundschaft zu sprechen. Diese befinden sich im Moment in ihrem derzeitigen Verkaufskontinuum in der Produktnutzungsphase. Darum kennt sich diese Kundschaft mit diesem Produkt bestens aus. Fragen Sie diese Kundschaft doch einfach danach, mit wem sie denn letztens über dieses Produkt sprach! Wenn sie dann sagt:" ja mein Nachbar der hat mich auch schon zu genau diesem Produkt gefragt." Dann bitten Sie doch, ob sie Sie mit diesem Nachbar bekannt machen würde, oder ob sie die Kundschaft nicht bei nächster Gelegenheit mitbringen könnte. Dieses soll ja auch nicht umsonst sein. Sagen Sie dieser: „sollte diese Empfehlung erfolgreich sein, dann könnten wir auch dieses entsprechend honorieren."

Bei aller Euphorie sollten Sie jedoch einen Nachteil bedenken, den es bei der Empfehlung gibt. Der Empfehlende weiß, Sie belohnen aus der Marge dieses empfohlenen Geschäftes den Empfehlenden.

Sie werden sich denken, beim Erwerb ihres eigenen Produktes hat sie genau diese Belohnung zu viel bezahlt. Sie sollten also eine ordentliche Begründung zur Vermittlung zum Besten geben. Aus meiner Erfahrung heraus ist eine Begründung, Sie würden sich Zeit zum Erklären des Produktes sparen. Auch hat die Kundschaft sich schon mit diesem Produkt exakt beschäftigen können, darum können Sie diese Ersparnis als Vermittlungsprämie weitergeben.

Sie sehen, egal wie, Sie kaufen sich diese Adressen. Sie kaufen!!! Dabei ist es unerheblich, ob nun durch eine Geld- oder materielle Leistung. Noch eine Möglichkeit an neue Adressen zu kommen ist die Archivkundenempfehlung. Im vorherigen Absatz sprachen wir ja schon davon, ein Archivkundengespräch in gewissen Abständen durch zu führen.

Natürlich in erster Hinsicht um festzustellen, an welcher Stelle der Kunde sich im derzeitigen Kontinuum befindet. Sie stellen fest der Weg hin zum neuen Verkaufskontinuum ist noch weit, gut. Dann erkundigen Sie sich danach ob dieser Kunde einen Bekannten hat, der ein vergleichbares Produkt in Kürze benötigen könnte. Diesem Bekannten würden Sie gerne Informationen zu derzeitigen Produkten zusenden. Sichern Sie diesem Archivkunden zu, er wird eine Belohnung erhalten.

# **Ausschreibungen**

Die Beteiligung an Ausschreibungen ist eine Möglichkeit damit Sie, als Akquisiteurschaft, mit gewerblichen Kunden in Kontakt kommen ohne eine Kaltakquise durchzuführen.

Hier aber wollen wir einmal die unterschiedlichen Denkansätze zwischen Akquise und Ausschreibung betrachten. Gerade in der Handwerkerbranche ist es sehr verbreitet sich nur an Ausschreibungen zu beteiligen. Sie glauben nicht daran Kaltakquise führt zum Erfolg? Darum nehmen Sie nur an Ausschreibungen teilnehmen! Nun betrachten wir einmal gemeinsam Ihr Vorgehen. Durch die Ausschreibungstexte werden Ihnen logischerweise die grundlegenden Kundeninformationen für Ihr Datenwarenhaus frei Haus geliefert. Hierzu benötigen Sie nur wenig mehr grundlegende Informationen um Ihr Datenwarenhaus zu erstellen. Sie wissen, derjenige der ausschreibt befindet sich in seinem derzeitigen Verkaufskontinuum nahe dem Ende. In seinem „Zukünftigen" befindet sich dieser Kunde ganz nahe an der Verkaufsphase. Durch die Ausschreibung bewerben Sie sich bei diesem Kunden um den Erhalt des späteren Auftrages. Um eine saubere Akquise durchzuführen sollten sie sich an die Definition des Begriffes Akquise halten.

Eine erfolgreiche Akquise ist dann zu registriert, wenn durch eine Aktivität ein Kundenkontakt generiert wurde, unter der Voraussetzung der Akquirierte weiß, er wurde akquiriert um im Verkaufskontinuum weiterbegleitet zu werden.

Nach dieser Definition muss der Akquirierte, hier der Ausschreibende wissen, wer ihn durch sein zukünftiges Kontinuum begleitet. Sie lesen richtig, die Teilnahme an Ausschreibungen ist Akquisition.

Darum erscheinen Sie persönlich oder per Telefonat, mail-kontakt oder wie auch immer noch einmal. Mit dieser Vorstellung und wenn es per mail nur eine Danksagung für den Erhalt der Ausschreibung ist, also für die Berücksichtigung bei der Auswahl derer die eine Ausschreibung erhalten haben. Dieses ist ein Baustein, um die Beziehung zum Ausschreibenden aufzubauen. Glauben Sie mir bitte, wenn der Ausschreibend spürt, wie Sie sich bemühen, dann wird die Wahrscheinlichkeit größer den Auftrag zu erhalten. Auch bei einer Ausschreibung ist neben dem Preis, der Service ein Thema.

Leider geschieht es auch, Ihre Leistungsfähigkeit wird nur nach dem geringsten Preis beurteilt. Dieses ist beim Ausschreiben der entscheidende Nachteil. Der Ausschreibende ist mit dem Preisvergleich von Produkten beschäftigt, welche er aus seiner Sicht alle als äquivalent betrachtet. Er hat ja durch den Ausschreibungstext die Hoffnung vergleichbares zu erhalten.

Wie auch immer, sie haben den Auftrag nicht erhalten? Dann geben Sie diesen Kunden doch nicht auf. Zum einen, Sie haben alle grundlegenden Kundeninformationen in Ihrem Datenwarenhaus gespeichert. Also dann sollten Sie einfach noch einmal nach gegebener Zeit nachfassen. Fragen Sie nach seiner Zufriedenheit mit dem Produkt.

Mitunter werden Sie erstaunt sein, es gibt eine neue Ausschreibung, oder Sie sollen an der Ausschreibung für einen Folgeauftrag mitwirken. Wenn Sie beharrlich diese Kundschaft begleiten, wird Ihre Verkaufsabteilung, an einem schönen Tag auch einen Auftrag erhalten. Sie haben durch Ihre regelmäßige Akquise und Aktualisierung an Ihren Anteil geleistet.

Der Ausschreibende ist neben seiner beruflichen Tätigkeit im Privatleben eine natürliche Person. Im Gegensatz zu der Aufgabe als Ausschreibender können dort durchaus andere Vorstellungen im Vordergrund stehen. Diese können durchaus abweichen von den Vorgaben welche in der Ausschreibung stehen. So ist es schon möglich, auf diesem Wege zusätzliche Kontakte zu akquirieren. Also sprechen Sie diesen Mitarbeiter auch persönlich an.

# **Innovationen**

In den voranstehenden letzten Abschnitten, berichtete ich von diversen Möglichkeiten, damit Sie Adressen von neuen oder alten Kontakten akquirieren können. Mir ist vollkommen klar, es wird immer irgendwann einmal noch etwas Neueres auf dem Markt erscheinen. Darum ist auch die Zielgruppe welche damit angesprochen wird immer wieder eine neue. Sie müssen darauf reagieren. Akquirieren Sie weiter! Zu genau dieser Themastellung bekam ich letztens eine Anfrage. Diese lautet: „Ist MLM nicht eine gute Alternative zur Kalt-Akquise?"

Darauf kann ich antworten MLM ist Akquise! Egal wie die Struktur aufgebaut ist, es wird in jeder Hierarchie Leute geben die neben ihrem Strukturprodukt vielleicht gerade Ihr Produkt benötigen. Akquirieren Sie diese Mitarbeiter. Wenn es Ihnen gelingt in dieser Struktur Fuß zu fassen, werden Sie auch bald erfolgreich voranschreiten. Verknüpfen Sie dieses Struktursystem mit Empfehlungsprämien. Wer in einem Strukturvertrieb eingebunden ist, wird für solch eine Prämie sehr empfänglich sein. Nutzen Sie dieses System für Ihre eigenen Produkte. Auch hier ist es wirklich wichtig, saubere und gezielte Akquise durchzuführen. Vergessen Sie nicht, im Prinzip ist jede Empfehlung der erste Schritt zu einer Vertriebsstruktur. Schaffen Sie den Schritt in einen Strukturvertrieb, denken Sie in den Maßstäben dieser Mitarbeiter. Jeder möchte davon partizipieren was in seiner Struktur geschieht. Für eine Vermittlung auch innerhalb dieser Struktur. Erstellen Sie ein Prämiensystem! Wie dieses funktioniert gibt die Systemstruktur vor. Wird Ihr Produkt oder Ihre Dienstleitung wirklich dort benötigt, haben Sie eine Vielzahl an Akquisiteure akquiriert!

# **Epilog**

Nach all den von mir aufgezeigten Möglichkeiten und zu beachtenden Tipps, welche ich Ihnen in den vorherigen Abschnitten erläutert hatte, gibt es leider auch Versuche Adressen zu verkaufen welche wenig geeignet oder gänzlich ungeeignet sind. Vor allem werden auch immer wieder von sogenannten Werbefachfirmen, Ideen auf den Markt gebracht, welches Geld kosten, aber auch Zeit und Kunden.

In diesem Abschnitt möchte ich einige Gedanken aufgreifen welche immer wieder von sogenannten Werbestrategen so oder so ähnlich immer wieder auf den Markt geworfen werden damit diese Unternehmen Geld an Ihrem Unternehmen verdienen. Leider wurden befreundete Unternehmen von solchen Aktionsanbietern schon vor einigen Jahren hereingelegt. Eines dieser sogenannten „ganz sicheren Mittel" sind Gutscheinaktionen. Gutscheine zur Kundengewinnung? Lieber Leserschaft, glauben Sie wirklich, es lassen sich dadurch echte Adressen produzieren? Nein!!!!!!!!!!!!

Wissen Sie wer sich da gemeldet hat?

Ja, ganz genau die Zielgruppe welche sich nicht den Gutscheingewinn leisten kann.

Bei einem anderen Unternehmen war es ein Tankgutschein-Versprechen. Die Kontakte hatten gar kein Interesse an dem eigentlichen Produkt sondern an dem Gewinn des kostenlosen Tankens der dieser Kundschaft durch den Gutschein versprochen wurde.

Ich lege es Ihnen sehr ans Herz daraus zu lernen! Im Nachhinein werden Sie sich sagen, es konnte auch gar nichts anders dabei heraus kommen.

Stellen Sie sich vor, Sie bekämen von einer Computerfirma eine Einladung zu einer Veranstaltung zum Testen der aller schnellsten und modernsten Computer dieser Firma und als Geschenk erhielten Sie echt goldene Ohrstecker.

Sie hätten gerade Zeit und könnten die Stecker gebrauchen weil Sie diese verschenken oder anders nutzen wollen oder können. Den Computer kaufen Sie sich dann, wenn Sie einen brauchen und Ihr Computerkontinuum irgendwann in ferner Zukunft dem Ende zustrebt. Dann erst und nicht jetzt, weil es gerade bei der Veranstaltung auch Computer zu kaufen gibt. Sie werden erst dann wenn es um die Anschaffung eines Computers geht sich damit beschäftigen. Es ist aus der Sicht der Kundschaft etwas anderes sich für ein Produkt zu interessieren oder etwas zu gewinnen.

Wenn Sie mich fragen, und ich könnte einen Golfschlägersatz gewinnen, dann setzte ich mich auch einen Abend in eine Werbeveranstaltung und höre dieses mir geduldig an.

Obwohl.

Wenn ich ganz ehrlich bin. Nein doch nicht, ich glaube den nächsten Satz kaufe ich mir doch und lassen mich beraten, anstelle irgendwelche Schläger zu bekommen mit denen ich mir meinen Schwung verderbe. Leider gehen aber viel Firmeninhaber zu leichtfertig mit der Akquisition um. Sie glauben wirklich, durch solche Aktionen Kunden ohne eigenen Aufwand ganz leicht zu gewinnen.

Bitte liebe Leserschaft, seine Sie außerordentlich hellhörig wenn eine Firma Ihnen eine Veranstaltung verkauft. Eine solche Aktion bringt nur recht wenig Erfolg für die Handelsfirma, jedoch großen für die Werbefirma welche Ihnen diese Idee verkauft. Nutzen Sie die Zeit lieber dazu, um geeignete Akquisitionsaktivitäten durchzuführen.

Nutzen Sie viel lieber diese Zeit und die Kosten um zum Kunden zu gehen und ihre Produkte oder Dienstleistungen beim Kunden anzubieten.

Gehen Sie dorthin wo sich der Kunde befindet.

Halten Sie sich die Methoden aus den vorherig behandelten Abschnitten vor Augen und werden selber aktiv. Dann bekommen Sie auch den gewünschten Erfolg.

Sie werden den Schritt auf die Kundschaft, zu gehen und dabei erfahren an welcher Stelle im Verkaufskontinuum sie (die Kundschaft) sich befindet und werden dann gezielt aktiv. Wie ich schon am Anfang schrieb, die Aktivität ist der Schlüssel zum Akquirieren.


Viel Erfolg bei dieser spannenden Aufgabe wünscht

Ihr Dirk Meybohm

# Der Autor

Dirk Meybohm

Nach dem Besuch der Oberschule, dem erfolgreichen Absolvieren seiner Berufsausbildung und danach folgender beruflicher Praxis, begann er im Jahre 1990 mit der Vermittlung von Bauspar- und Versicherungsverträgen. Hierbei erlernte er die Grundlagen von verkäuferischen und akquisitorischen Fähigkeiten. Zu dieser Zeit absolvierte er zusätzlich ein Ingenieurstudium in Apolda und in Dresden. In dieser Zeit fertigte, Dirk Meybohm erste Referate an, und trug diese auch vor. Ab 1993 war er im Verkauf von Immobiliensanierungen und deren Finanzierungen, tätig.

Während dieser spannenden Tätigkeit erweiterte er sein Wissen in der Direktvermarktung und der Akquisition. In der Folge, vertiefte er sein Wissen in den Phasen des Verkaufskontinuums durch den täglichen Kontakt zu Kunden. Er bildete sich durch Teilnahme an Schulungen und im Selbststudium weiter. Dabei begann er erste eigene Manuskripte zu schreiben. Von diesen wurden einige veröffentlichet. Die Sammlung von Artikeln wuchs schnell an.

All diese beruflichen Erfahrungen, ließen den Entschluss reifen das gesammelte Wissen zu veröffentlichen. Die erste Ausgabe seines Buches: "Das Akquisitionshandbuch" erschien dann 2009.

Im Jahr 2011 erfolgte die Überarbeitung dieses Buches und es kam zur Veröffentlichung des Bandes: „Das Verkaufskontinuum".

Mit dem Einzug von kostengünstigen elektronischen Lesemedien wuchs der Markt des elektronischen Buches. Somit erfolgte eine weitere komplette Überarbeitung der bisherigen Herausgaben. Ihnen liegt hier nun der:

Band 2 „Wege zum Kunden" vor.


Weiterhin erhältlich sind:

Band 1 „Das Verkaufskontinuum" und

Band 3 „Nach dem Kauf, ist vor dem Kauf"

Wenn Sie bis an diese Stelle gekommen sind, dann wird Ihnen klar geworden sein, erfolgreiches Verkaufen bedeutet viel Arbeit und Beharrlichkeit.

Mit diesem Buch haben Sie einen richtigen Weg für Ihren Verkaufserfolg begangen.

Viel Erfolg wünscht Ihnen auf dem Weg zum besseren Verkaufen

Ihr Dirk Meybohm!